30 Minuten
bis zur überzeugenden

Präsentation

Die Deutsche Bibliothek - CIP-Einheitsaufnahme

Ein Titeldatensatz für diese Publikation ist bei der Deutschen Bibliothek erhältlich

Wird empfohlen von
N24

Aus dem Englischen übersetzt von Tim Langer, Berlin

Redaktion: Sandra Klaucke, Frankfurt/Main
Umschlag und Layout:
Vitting & Wagner Kommunikation, Darmstadt
Satz: Borris Balzer, Frankfurt/Main
Titelbild (Fond): Sandra Winter, Darmstadt
Druck und Verarbeitung: Salzland Druck, Staßfurt

9. Auflage 2008

Hinweis:
Dieses Buch ist sorgfältig erarbeitet worden. Dennoch erfolgen alle Angaben ohne Gewähr. Weder Autor noch Verlag können für eventuelle Nachteile oder Schäden, die aus den im Buch gemachten Hinweisen resultieren, eine Haftung übernehmen.

Printed in Germany

info@gabal-verlag.de

ISBN 978-3-930799-81-7

Abonnieren Sie unseren Newsletter unter: www.gabal-verlag.de

In 30 Minuten zu Wissen und Erfolg!

Dieses Buch ist so konzipiert, daß Sie in kurzer Zeit prägnante und fundierte Informationen aufnehmen können. Mit Hilfe eines Leitsystems werden Sie durch das Buch geführt. Es erlaubt Ihnen, innerhalb Ihres persönlichen Zeitkontingents (von 10 bis 30 Minuten) das Wesentliche zu erfassen.
In 30 Minuten können Sie das ganze Buch lesen. Wenn Sie weniger Zeit haben, lesen Sie gezielt nur die Stellen, die für Sie wichtige Informationen beinhalten.

- Alle wichtigen Informationen sind blau gedruckt.

- Schlüsselfragen mit Seitenverweisen zu Beginn eines jeden Kapitels erlauben eine schnelle Orientierung: Sie blättern direkt auf die Seite, die Ihre Wissenslücke schließt.

- *Zahlreiche Zusammenfassungen innerhalb der Kapitel erlauben das schnelle Querlesen. Sie sind blau gedruckt und daher leicht zu finden.*

- ***Die Zusammenfassung am Ende eines Kapitels informiert Sie in Kürze über den Inhalt der vorhergehenden Seiten.***

- Ein Symbol signalisiert zusätzlich, wo wichtige Zusammenfassungen stehen.

- Ein Register erleichtert das Nachschlagen.

Inhalt

Vorwort

„Das menschliche Gehirn nimmt seine Arbeit in dem Moment auf, in dem Sie geboren werden, und hört damit so lange nicht auf, bis Sie aufstehen und vor Publikum sprechen.“

Sir George Jessel

Sie müssen eine Präsentation halten? Mit dieser Herausforderung stehen Sie nicht alleine da – immer häufiger wird diese Fähigkeit im Berufsleben gefordert. Wie Sie einen Vortrag halten – dabei Fakten und sich präsentieren –, kann entscheidenden Einfluß auf Ihre weitere Karriere haben. Machen Sie sich bewußt: Mit einer Präsentation beeinflussen Sie, wie Sie von Kollegen und Vorgesetzten wahrgenommen werden. Wenn Sie sich unsicher und im Thema nicht kompetent darstellen, wird dieser Eindruck auf Sie übertragen: Sie scheinen nicht sehr kompetent und zudem noch unorganisiert zu sein!

Voraussetzung für Ihre Karriere

Ich habe einmal eine leitende Führungskraft zur Motivation der Leute befragt, die an einem Präsentationstraining teilnehmen sollten, das ich für die Firma veranstaltete. Er antwortete: „Sie sind alle sehr interessiert, daran teilzunehmen – in dieser Firma wird niemand befördert, bevor er nicht einen vernünftigen Vortrag halten kann.“ Eine inzwischen weitverbreitete Haltung. Dennoch sind Präsentationen nicht jedermanns Stärke. Den meisten Leuten fällt es schwer, sich vor ein Publikum zu stellen und selbstbewußt vorzutragen. Diese Fähigkeit muß gelernt und geübt werden; letztendlich handelt es sich um eine praktische Fertigkeit. Nicht jeder wird ein großartiger Vortragsredner, aber jeder kann eine fachmännische Präsentation halten, wenn er konkrete Hilfestellung bekommt.

Präsentieren kann man lernen

Dieses Buch gibt umsetzbare Anleitungen, damit Sie Ihren Vortrag schnell und gut vorbereiten sowie kompetent halten können. Das Lesen dieses Buchs macht Üben nicht überflüssig, aber ein sicheres Verständnis des Prozesses Präsentation kann dazu beitragen, daß anschließendes Üben die Entwicklung Ihrer Fähigkeiten beschleunigt.

Nehmen Sie sich 30 Minuten Zeit, um dieses Buch zu lesen – und Ihre Präsentationen werden Eindruck machen!

1. Das Wesen von Präsentationen

Kennen Sie Anlaß sowie Publikum Ihrer Präsentation?

Seite 10

Sind Sie sich bewußt, daß die Art Ihrer Vortragsweise beeinflußt, wie Ihre eigentlichen Aussagen aufgenommen werden? *Seite 10*

Wissen Sie, wie Sie die bei Vorträgen weitverbreiteten Ängste bewältigen können?

Seite 13

Wie fühlen Sie sich, wenn Sie wissen, daß Sie einen Vortrag halten müssen? Zuversichtlich oder beunruhigt und verängstigt? Wenn die Antwort „beunruhigt“ oder sogar „verängstigt“ ist, beruhigen Sie sich – das ist normal. Die meisten Leute teilen Ihre Gefühle bis zu einem gewissen Grad.
Tatsächlich vertreten Psychologen die Ansicht, daß die verbreitetsten Gefühle zum Thema „Präsentation“ oder „Sprechen vor Publikum“ fast immer negativer Natur sind. Die Sorgen, die in uns aufsteigen, wenn wir uns dieser Herausforderung gegenüber sehen, sind vielfältig: „Ich werde nicht wissen, was ich sagen soll“, „Ich werde dastehen und keine Worte finden“, „Die Zuhörer werden mich auslachen“.

Wenn Sie unvorbereitet sind und nicht wissen, wie Sie Ihren Vortrag durchführen wollen, kann er tatsächlich zum Desaster werden. Aber das muß nicht sein. Mit etwas Wissen, Übung und Vorbedacht gibt es keinen Grund auf der Welt, warum Sie Ihre Aufgabe nicht gut erledigen sollten. Dieses Buch wird Ihnen genau erklären, wie Sie vorgehen müssen. Werfen wir zunächst einen Blick auf die Natur von Präsentationen.

1.1 Die Bedeutung von Präsentationen

Präsentationen sind wichtig. Es kann einiges von ihnen abhängen – eine Entscheidung, eine Vereinbarung, ein Verkauf –, und sie können Auswirkungen auf Finanzergebnisse und sogar auf das Firmenansehen haben.

Anlässe für Präsentationen

Es gibt jede Menge Anlässe, bei denen Vorträge gehalten werden. Sie könnten z.B. bei folgenden Gelegenheiten sprechen müssen:

- bei einem internen Treffen
- extern, vor Kunden oder Lieferanten
- vor einem Komitee oder Beirat
- anläßlich einer Konferenz
- bei sozialen Veranstaltungen wie Ruhestandspartys oder dem Geburtstag eines Mitarbeiters.

Das Publikum Ihrer Präsentation können Bekannte oder Freunde sein, Vorgesetzte, schwierige Menschen, Leute, die viel jünger oder älter sind als sie. Es kann aus 10, 20, 200 oder noch mehr Menschen bestehen.

So unterschiedlich die Anlässe und Zuhörer Ihrer Präsentation auch sein mögen – immer werden Sie daran gemessen werden, wie Sie vortragen. Anhand eines Beispiels wird dies deutlich: Stellen Sie sich vor, daß Sie eine Veränderung der Firmenpolitik ankündigen müssen. Nehmen wir weiterhin an, daß es etwas so Vernünftiges ist, daß kein Ärger zu erwarten ist. Wenn Sie aber anfangen: „Jetzt ... äh ... was ich sagen möchte, ist ... also hauptsächlich ist es ...“, sind Sie auf dem besten Weg, daß auch der harmloseste Vorschlag abgelehnt würde. Führen Sie sich immer wieder vor Augen, daß etwas schlecht Vorgetragenes auch schlecht aufgenommen werden wird – unabhängig von seinem Wert oder Inhalt.

Profilieren Sie sich mit Ihrer Präsentation!

Eben aus diesem Grunde stellen Präsentationen eine echte Möglichkeit dar: Wenn Sie sie erfolgreich halten (und das können Sie!), werden Sie sich positiv von all den anderen abheben, die aus Unwissenheit oder mangelnder Sorgfalt eine mittelmäßige oder dürftige Vorstellung liefern. Ihre Motivation steht also an dieser Stelle nicht zur Debatte. Nur wenige andere Fähigkeiten müssen Sie in Ihrem Beruf mehr beherrschen als die Kunst der Präsentation. Ein gewisses Gefühl der Beklommenheit ist verständlich, wenn Sie erfahren, daß Sie eine Präsentation halten müssen. Überwinden Sie es, oder drängen Sie es so weit zurück, daß es Sie nicht davon abhält, erfolgreich zu arbeiten.

Der größte Teil dieses Buchs behandelt positive Techniken, die Ihnen helfen, Präsentationen vorzubereiten und zu halten. Schaffen wir jedoch zunächst die negativen Seiten aus dem Weg, indem wir einen Blick auf mögliche Schwierigkeiten werfen. Manche von ihnen liegen in der Natur der Kommunikation, doch es gibt Möglichkeiten, um diese Stolpersteine aus dem Weg zu räumen.

Die Widrigkeiten der Kommunikation

Wir kommunizieren so viel, daß wir diesen Austausch als gegeben und einfach ansehen. Aber wenn Sie kurz darüber nachdenken, werden Sie bemerken, daß Kommunikation nicht einfach ist, sie kann sogar richtiggehend schwierig werden. Wie oft treten in Ihrer Firma Mißverständnisse, Ausfälle oder Entgleisungen in der Verständigung auf? Wie oft hören Sie die Leute sagen: „Was meinen Sie damit?“, „Das verstehe ich nicht“, „Wenn Sie nur gesagt hätten...“, „Aber das war nicht, was ich meine.“ Wie oft haben Sie so etwas selbst gesagt oder entsprechende Bemerkungen gehört?

Kommunikation ist nicht selbstverständlich

Sehen Sie die Leichtigkeit der Kommunikation niemals als gegeben an. Jede Kommunikationssituation erfordert von neuem Überlegung, Sorgfalt und Präzision, und dies ist doppelt wichtig, wenn Sie eine formelle Präsentation halten. Bei den meisten Vorträgen haben Sie nur einen einzigen Versuch, um Ihre Informationen unmißverständlich zu vermitteln; bei einer Unterhaltung dagegen kann Verständigung auf vielerlei Weise, auch durch Nachfragen und Wiederholen, entstehen.

Jedes winzige Detail ist daher bedeutungsvoll, Vorträge sind von Natur aus zerbrechlich. Kleine Abweichungen – ein unglücklich gewähltes Wort, ein Zögern, eine falsch plazierte Betonung – können allzu schnell die Wirkung verwässern.

Präsentationen müssen sorgfältig vorbereitet werden – ob sie im kleinen oder großen Kreis, intern oder extern gehalten werden. Wie bei jeder Art von Kommunikation sind bestimmte Regeln zu beachten, damit Sie nicht mißverstanden werden und so Ihre Ziele verfehlen. Wählen Sie vor allem Ihre Formulierungen mit Bedacht.

1.2 Die Ängste jedes Vortragenden

Wenn man Leute, die demnächst eine Präsentation halten müssen, zu ihren Ängsten befragt, antworten sie meist sehr ähnlich. Die folgenden Befürchtungen werden regelmäßig genannt:

Nervosität
Ein leichtes Angstgefühl kann Sie zwingen, sich auf die bevorstehende Aufgabe zu konzentrieren, und ist daher durchaus hilfreich. Ein Großteil der Angst verfliegt, sobald Sie den Vortrag begonnen haben. Sie können diesen Prozeß auf vielerlei Weise unterstützen, indem Sie beispielsweise

- mehrmals tief durchatmen, bevor Sie beginnen. Aufgrund Ihrer Nervosität atmen Sie oft flach, und es mangelt Ihnen an Luft. So banal es klingen mag: Vergessen Sie nicht, zu atmen – Atemlosigkeit bis hin zum Japsen ist erstaunlich verbreitet;
- einen Schluck Wasser trinken, bevor Sie anfangen;
- vor einem Vortrag schweres Essen meiden;
- vergessen Sie vor lauter Nervosität aber nicht, ein paar Bissen zu sich zu nehmen, sonst gesellt sich zum Kribbeln im Bauch ein Knurren. Von Alkohol sollten Sie die Finger lassen. Im schlimmsten Fall könnten Sie sich so beschwingt fühlen, daß Sie glauben, etwas zu können, was Sie nicht können.

Versagen der Stimme
Ein trockener Mund ist schnell beseitigt. Versuchen Sie niemals ohne ein vor Ihnen stehendes Glas Wasser zu sprechen. Auch wenn Sie es nicht anrühren – zu wissen, daß es da ist, ist beruhigend.

Wohin mit den Händen?
Die beste Lösung ist, ihnen etwas zu tun zu geben – legen Sie sie auf das Vortragspult, oder halten Sie einen Stift, gestikulieren Sie gelegentlich. Auf diese Weise werden sie Ihnen nicht überflüssig vorkommen.

Zu leise sprechen
Stellen Sie sich vor, daß Sie zu der entferntesten Person im Raum sprechen. Besser ist natürlich, Sie probieren dies mit jemandem vorher aus.

Die am häufigsten genannten Ängste bei Präsentationen – Nervosität und versagende oder zu leise Stimme – lassen sich ganz einfach beseitigen, wenn Sie einige banale Grundregeln beachten.
Den ersten Schritt in Richtung erfolgreicher Präsentation haben Sie damit bereits getan.

Feindselige Reaktionen der Zuhörer
Die überwältigende Mehrheit der Zuhörer möchte, daß Ihre Präsentation gut läuft. Sie sind positiv geneigt, stehen auf Ihrer Seite. Noch schlimmer, als auf dem Podium zu stehen und zu wissen, daß Ihre Präsentation nicht gut abläuft, ist, im Publikum zu sitzen und einen schlechten Vortrag über sich ergehen lassen zu müssen.

Ungenügendes Material
Diese Befürchtung kann völlig aus der Welt geschafft werden: Wenn Ihr Vortrag gut vorbereitet ist (vgl. Seite 16), werden Sie genau die richtigen Unterlagen zur Verfügung haben. Sie werden weder zu ausführliche noch zu dürftige Informationen haben, sondern die richtigen Materialien zur geeigneten Zeit präsentieren können.

Den Faden verlieren
Bereiten Sie sich gründlich vor. Ihre Notizen sollten gut aufbereitet und genauestens geordnet sein, so daß Sie sie logisch vortragen können.

Falsche Zeiteinschätzung
Eine gute Vorbereitung sowie Ihre Notizen für den Vortrag (vgl. Seite 25) werden Ihnen helfen, die Länge Ihrer Präsentation richtig einzuschätzen.

Sie sehen – all diese Befürchtungen sind unbegründet, wenn Sie Ihre Präsentation gründlich vorbereiten. Versuchen Sie, sich nicht zu sorgen; die Wahrscheinlichkeit, daß es gutgeht, ist höher, wenn Sie davon überzeugt sind, daß es gutgehen wird – um so mehr, wenn Sie gut organisiert sind. Nur sehr wenige Menschen können unvorbereitet sprechen. Mark Twain sagte einmal, daß „ich normalerweise zwei Wochen brauche, um eine Rede aus dem Stegreif vorzubereiten". Vorbereitung ist der Schlüssel zum Erfolg, und darum wird es im nächsten Kapitel gehen.

Präsentationen sind dazu da, einem Publikum Ihre Zielsetzungen nahezubringen, es von dem, was Sie sagen, zu überzeugen.

- *Wenn Sie einen guten Vortrag halten, können Sie sich profilieren.*
- *Die Präsentation ist eine Form von Kommunikation. Achten Sie darauf, typische Kommunikationsfehler (z. B. undeutliche Formulierungen) zu vermeiden.*
- *Sie können davon ausgehen, daß die Zuhörer Ihnen wohlgesonnen sind.*

2. Vorbereitung einer Präsentation

Was unternehmen Sie, wenn Sie erfahren, daß Sie eine Präsentation halten müssen? Nur wenige werden bis zum Tag X überhaupt nichts tun und sich dann hinstellen und sprechen. Womit würden Sie anfangen? Sie könnten sich überlegen, was Sie an erster Stelle sagen wollen, dann über die folgenden Themen nachdenken – was Sie an zweiter, dritter Stelle vortragen usw. – und es dann wörtlich aufschreiben. Dann, vielleicht nach mehreren Änderungsvorschlägen von kompetenter Seite, lesen Sie es Ihrem Publikum vor. Falsch, falsch und nochmals falsch. Dieser Ansatz mag logisch erscheinen, doch Sie müssen sich zuerst bewußt machen, was Sie erreichen wollen und zu wem Sie sprechen.

2.1 Die Erwartungen des Publikums

Eine gute Vorbereitung beginnt mit einer klaren Vorstellung von Ihren Zuhörern. Wer sind sie? Es können Menschen sein, die Sie kennen, Frauen oder Männer, Experten oder Laien – es gibt viele Variationen. Die wichtigste Überlegung betrifft jedoch die Erwartungen der Zuhörer: Was wollen sie?

Nutzen für die Zuhörer
Versetzen Sie sich an ihre Stelle. Sie sitzen bei einem Vortrag – was sind Ihre Erwartungen? Die meisten Zuhörer beschäftigen sich mit der Wirkung: „Wird es interessant, nützlich, lang oder kurz sein?“, „Wie wird das, was sie sagen, mir helfen?“ Den Blickwinkel des Publikums im Hinterkopf zu behalten ist ein wichtiger Faktor für eine erfolgreiche Präsentation.

Insbesondere verlangen die Zuhörer von Ihnen als Vortragendem, daß Sie

- Ihr Thema beherrschen
- sie respektieren, indem Sie die Situation und Ansichten der Zuhörer anerkennen
- einen Zusammenhang zwischen Ihren Aussagen und dem erwarteten Nutzen seitens des Publikums herstellen können
- eine Aussage angemessen darstellen, so daß die Zuhörer diese verstehen und entscheiden können, ob sie dem Gesagten zustimmen oder nicht (dies ist besonders wichtig, wenn Sie eine Handlung vorschlagen oder vom Publikum fordern)
- den Vortrag auf Wissen und Kenntnisstand der Zuhörer abstimmen
- die Aufmerksamkeit und das Interesse des Publikums durchgängig aufrechterhalten.

Was Sie vermeiden sollten

Ebenso wichtig ist es zu wissen, was die Zuhörer nicht wollen. Dazu zählt:

- verwirrt zu werden
- mit wissenschaftlichen oder technischen Ausdrücken oder sonstigem (Fach-)Jargon geblendet zu werden
- in eine chaotische Struktur (oder überhaupt keine) verwickelt zu werden
- sich mit unangemessenem Ausdruck herumärgern zu müssen
- um fünf Ecken denken zu müssen, um den Zusammenhang zwischen Gesagtem und der eigenen Situation zu erkennen.

Auch wollen sie niemandem zuhören, der – weil er schlecht vorbereitet ist – keinen Respekt vor der Gruppe zeigt. Ein guter Vortragender wird immer Einfühlungsvermögen für sein Publikum haben, und dies muß offensichtlich sein.

Ihre Präsentation ist gelungen, wenn sie Ihren Zuhörern gefällt, weil diese aus ihr Nutzen ziehen können. Überlegen Sie daher, wie Ihr Publikum ist und welche Erwartungen es hat. Bereiten Sie Ihre Präsentation – die Fakten und die Art des Vortrags – entsprechend vor.

2.2 Klare Zielvorstellungen

Selten – wenn überhaupt – wird man Sie bitten, über etwas „zu plaudern". Die wichtigste Frage, die sich jeder, der eine Präsentation halten soll, stellen muß, ist daher:

- Zu welchem Zweck wird der Vortrag gehalten?

Wenn Sie diese Frage klar beantworten können, werden sowohl Vorbereitung als auch Vortrag einfacher. Lassen Sie uns über eines im klaren sein:

- Ziel ist nicht das, was Sie sagen möchten, sondern das, was Sie mit dem Gesagten erreichen wollen.

Ich nehme regelmäßig Kenntnis von Vorträgen, die oft sorgfältig vorbereitet wurden und dennoch scheitern, weil sie keine klaren Zielsetzungen haben. Sie plätschern einigermaßen vor sich hin, aber der Zuhörer weiß nicht, wo sie hinführen. Die Ziele müssen nicht nur klar sein, sie müssen ausführlich genug deutlich gemacht werden. Die Ziele müssen als die wahre Richtlinie dessen dienen, was Sie tun werden. Sie müssen sich nicht nur überlegen, was Sie wollen, sondern auch den Blickwinkel der Zuhörer berücksichtigen.

Generelle Ziele einer Präsentation
Ein vielzitiertes Akronym aus dem Englischen soll an dieser Stelle als Richtlinie gelten: SMART. Das steht für:
- Signifikant (Specific)
- Meßbar (Measurable)
- Ausführbar (Achievable)
- Realistisch (Realistic)
- Termingerecht (Timed).

Als Beispiel könnte man Ihre Ziele bei der Lektüre dieses Buches folgendermaßen sehen:
- daß Sie Ihre zukünftigen Vorträge auf eine Weise gestalten können, daß die Zuhörer sie als angemessen und informativ ansehen *(signifikant)*
- daß Sie nach dem Lesen bessere Präsentationen halten können. Diese Verbesserung muß auf irgendeine Weise *meßbar* sein. (Hier können Sie eine maßgeschneiderte Definition von Meßbarkeit anlegen: von Vereinbarungen oder Handlungen, zu denen sich Gruppenmitglieder verpflichten, bis hin zur Lautstärke des Beifalls.)
- daß die Aussagen so aufbereitet sind, daß Sie sie umsetzen können: ausreichende, verständliche Informationen in handhabbarer Form, die Ihre künftigen Auftritte verbessern werden (ein *ausführbares* Resultat)

- *realistische* Ziele festzulegen – daher ein kurzes Buch. Mit einem Aufwand von nur 30 Minuten werden Sie imstande sein, bessere Präsentationen zu halten.
- daß sie Ihre Ziele *termingerecht* erreichen. Bräuchten Sie zwei Wochen, um dieses Buch zu lesen, würden Sie wohl nicht rechtzeitig vor Ihrer nächsten Präsentation damit fertig werden.

Wenn Sie wissen, warum Sie einen Vortrag halten und was er Ihrer Meinung nach bewirken soll, dann sind Sie auf dem Weg zum Erfolg. Die Zeit, die Sie aufbringen, um ein klares Bild von Ihren Zielvorstellungen zu erhalten, ist sinnvoll genutzte Zeit. Den Zweck geklärt und die Ziele fest im Kopf, können Sie mit dem Verfassen Ihrer Aussagen beginnen.

2.3 Der Inhalt der Präsentation

Den Inhalt eines Vortrags festzulegen bedeutet mehr, als nur die einzelnen Punkte aufzulisten. Ein systematischeres Vorgehen ist zu empfehlen. Im folgenden stelle ich einen bewährten Ansatz mit fünf Phasen vor. Dieser zeigt den vollen Umfang möglicher Vorbereitung, doch möchte ich betonen, daß Sie Ihren persönlichen Weg finden müssen.

In fünf Schritten zum Erfolg

Zuerst hilft Ihnen ein Vier-Punkte-Ansatz auszusortieren, was Sie sagen müssen (und was Sie nicht sagen müssen). In Phase 5 erhalten Sie Vorschläge, wie Sie Stichpunkte für den Vortrag erstellen. Was haben Sie sinnvollerweise vor sich liegen, wenn Sie Ihren Vortrag halten? Hier untersuchen wir auch, wie Sie Ihre Aussage am besten vermitteln.

Phase 1: Auflisten (Mind Mapping)

Überlegen Sie, wie Sie die Ziele Ihrer Präsentation erreichen können. Versuchen Sie nicht, logisch zu denken, vergessen Sie alles, was irgendwie mit Reihenfolge, Struktur und Gliederung zu tun hat. Konzentrieren Sie sich nur auf jeden wichtigen Punkt, den der Vortrag sinnvollerweise enthalten könnte. Nehmen Sie ein Papier zur Hand (oft ist ein größeres Blatt als das übliche DIN A4-Format angebracht), und schreiben Sie die Punkte auf, wie sie Ihnen in den Sinn kommen – fast willkürlich über das Blatt verteilt.

Bei einem einfachen Thema mag das Ergebnis nur aus einem Dutzend Wörtern bestehen, vielleicht werden es aber auch sehr viel mehr. Diese Methode führt fast immer zu guten Ergebnissen. Füllen Sie das Bild anschließend mit fehlenden Puzzlesteinen auf, so daß ein Gedanke zum nächsten führt. Sie erhalten auf diese Weise eine Gedankenkarte – eine Mind Map – Ihrer Ideen und Vorstellungen.

Phase 2: Sortieren

Überarbeiten Sie jetzt, was Sie geschrieben haben, und bringen Sie es in eine Reihenfolge, indem Sie entscheiden:

- was an erster, zweiter ... Stelle kommt
- wie die Einzelheiten zusammenhängen
- was den Punkten als Beweis, Beispiel oder Veranschaulichung dient.

Gleichzeitig können – und werden Sie wahrscheinlich – Dinge hinzufügen und sich überlegen, welche Sie aus der Liste entfernen. Behalten Sie die geplante Länge des Vortrags im Kopf.

Das Sortieren wird erleichtert, wenn Sie auf dem ersten Dokument Anmerkungen und Berichtigungen hinzufügen. Verwenden Sie eine zweite Farbe, ebenso Verbindungslinien, Pfeile und alles andere, was Ihre Originalnotizen verbessert. Gleichzeitig können Sie beim Überarbeiten alle möglichen ausführlicheren Elemente hinzufügen, die Ihnen in den Sinn kommen (z. B. wie Sie den Vortrag durchführen). Dieses Vorgehen kann Ihren früheren Notizen etwas hinzufügen, sie erweitern oder berichtigen, die Aussage auffüllen und sie einen Schritt weiter in Richtung ihrer letztendlichen Form bringen.

Gehen Sie zunächst nicht logisch vor, um Ihren Vortrag zu erarbeiten. Erstellen Sie eine Mind Map, in der Sie alles, was Ihnen zu dem Thema in den Sinn kommt, notieren. In einem zweiten Schritt sortieren, verknüpfen und ergänzen Sie Ihre Ideen.

Phase 3: Gliedern

Manchmal erhalten Sie am Ende von Phase 2 Notizen, die übersichtlich sind und aus denen Sie direkt die Stichpunkte für Ihren Vortrag erarbeiten können. Wenn Ihre Notizen jedoch weiterer Erläuterung bedürfen, mag es sinnvoll sein, sie sauber abzuschreiben – eine gute Gelegenheit für eine letzte Überarbeitung. Falls Sie einen Computer benutzen, drucken Sie Ihre Notizen zu diesem Zeitpunkt am besten noch nicht aus.

Sie sollten nun eine Liste haben, die deutlich den Inhalt, Schwerpunkt und Detaillierungsgrad zeigt, den Sie für angemessen halten. Wahrscheinlich werden Sie feststellen, daß Sie Ihre Präsentation eher kürzen müssen, als nach zusätzlichen Punkten zu suchen.

Phase 4: Überarbeitung
Dies kann sich als überflüssig herausstellen, falls Sie sich in den vorherigen Phasen bereits genügend Gedanken gemacht haben. Dennoch mag sich eine letzte Überprüfung bei besonders komplexen oder wichtigen Themen lohnen. Schlafen Sie vielleicht erst einmal darüber, und vermeiden Sie es, die Dinge zu überstürzen – Objektivität könnte sich für Sie als schwierig herausstellen. Nach so viel Arbeit sieht man schnell den Wald vor lauter Bäumen nicht.

Phase 5: Sprechernotizen erstellen
Lenken Sie Ihr Augenmerk darauf, wie Sie das, was Sie erarbeitet haben, präsentieren möchten. Es hat sich bewährt, den Vortrag zur Übung einige Male vor sich her zu sprechen.

- Wählen Sie zum Üben den passenden Zeitpunkt. Es gibt Momente, in denen Worte leichter fließen als in anderen.
- Falls Sie die richtigen Worte nicht gleich auf Anhieb finden – machen Sie weiter. Legen Sie keine Pause ein, und verzweifeln Sie nicht an einem Satz, einer Überschrift oder einem anderen Detail. Eine solche Lücke mag im nachhinein einfacher zu schließen sein. Wenn Sie weiterreden, werden Sie im Fluß bleiben und Ihren Gedankenprozeß fortführen können.

Übung macht den Meister
Falls Sie mit Ihrem Vortrag nicht zufrieden sind: Überlegen Sie, ob Sie ihn wirklich noch in der verbleibenden Zeit verbessern können. Es gibt einen Punkt, an dem man mit dem, was man erarbeitet hat, zufrieden sein muß.

Jede Phase dieses Vorbereitungsprozesses ist relevant und sollte nicht übersprungen werden. Die Vorbereitung wird im Lauf der Zeit einfacher. Mit ein wenig Übung werden Sie Material erarbeiten, das weniger Änderungen benötigt, und auch das erste Niederschreiben und die anschließende Überarbeitung werden Ihnen leichter von der Hand gehen. Dieser systematische Ansatz soll Ihnen eine Hilfestellung sein, Ihre Präsentation vorzubereiten. Variieren Sie ihn, wo Sie es für nötig halten. Wichtig ist, daß Sie mit Ihrem Vorgehen zufrieden sind und daß dieses für sie arbeitet.

Überarbeiten und ergänzen Sie Ihren Vortrag, bis Sie mit ihm zufrieden sind. Üben Sie die Präsentation anschließend ein, indem Sie Ihren Vortrag laut vor sich hersprechen. Auf diese Weise werden Sie merken, ob und wo noch Schwachpunkte liegen.

2.4 Erstellen von Stichpunkten

Die Sprechernotizen haben mehrere Aufgaben:

- Sie heben das Selbstvertrauen: Sie mögen Ihre Notizen während der Veranstaltung nicht benötigen, aber zu wissen, daß sie da sind, ist an sich schon gut zu wissen.

- Sie dienen als Leitfaden dessen, was und in welcher Reihenfolge Sie sagen werden.
- Sie geben Ihnen Hilfen, es auf die bestmögliche Weise zu sagen, indem sie die richtige Wortvielfalt, Geschwindigkeit, Betonung usw. vorgeben.

Wortwörtliches Vorlesen vermeiden
Manche Leute denken, daß es ihnen eine Art Sicherheit bietet, jedes Wort auf dem Papier stehen zu haben und alles ablesen zu können. Was kann schließlich noch schiefgehen, wenn Sie alles, bis zum letzten Komma, schwarz auf weiß vor sich liegen haben? Von dieser Vorgehensweise ist abzuraten: Sie werden feststellen, daß es extrem schwierig ist, etwas glatt abzulesen, die Betonung genau an der Stelle zu setzen, an der sie angebracht ist – und das alles flüssig und ohne zu stolpern.

Die meisten Menschen sprechen besser mit Notizen, die eine Abkürzung dessen darstellen, was sie sagen möchten. Probieren Sie es einfach aus: Lesen Sie etwas vor – wie hört es sich an? Noch besser: Nehmen Sie sich auf Band auf, und prüfen Sie, wie Sie wirken.

Notizen nur als Anhaltspunkt
Ihre Notizen dürfen nicht wie eine Zwangsjacke wirken, die Flexibilität und Spontaneität erstickt. Was kann schon passieren, wenn Ihnen das Publikumsinteresse signalisiert, abzuschweifen oder in Einzelheiten zu gehen, bevor Sie im Programm weitermachen? Positiv formuliert: Sie könnten etwas, das Sie sagen möchten, umgestalten oder abkürzen. Was, wenn Sie aufstehen, um eine 30minütige Rede zu halten, und der Vorsit-

zende flüstert: „Könnten Sie es in 20 Minuten machen? Wir hinken im Zeitplan hinterher."

Worauf Sie achten sollten

- Ihre Notizen müssen lesbar sein: Verwenden Sie ausreichend große Schrift. Denken Sie auch daran, daß Sie die Stichpunkte unter Umständen im Stehen lesen müssen – die Entfernung zu Ihren Augen kann dann größer sein als im Sitzen.
- Schreiben Sie nur auf einer Seite eines Blattes. So können Sie, falls nötig, Änderungen vornehmen.
- Numerieren Sie Ihre Blätter immer (ja – eines Tages werden sie Ihnen herunterfallen). Manche Redner pflegen ihre Seiten in umgekehrter Reihenfolge zu numerieren, so daß sie ungefähr wissen, wie lange sie noch bis zum Ende brauchen.
- Machen Sie sich unterschiedliche Notizen. Trennen Sie, was Sie sagen wollen, von dem, wie Sie es sagen.
- Verwenden Sie Farben und Symbole für die Übersichtlichkeit, beschränken Sie aber Randbemerkungen auf ein Minimum.

Die Aufgabe von Stichpunkten ist, Ihnen während der Präsentation prägnant und übersichtlich die wichtigsten inhaltlichen Punkte sowie Betonung, Schnelligkeit etc. vorzugeben. Erstellen Sie die Sprechernotizen sorgfältig – wenn sie gut sind, werden Sie auch eine gute Präsentation halten!

Auf der folgenden Seite wird der Anfang eines Vortrags über Zeitmanagement dargestellt. Die rechte Seite zeigt parallel dazu ein Beispiel für Sprechernotizen.

Beispiel: Vortrag über Zeitmanagement

„Guten Morgen. Kommen wir gleich zur Sache, schließlich werden Sie erwarten, daß diese besondere Veranstaltung pünktlich anfängt!
Ich bin sicher, wir haben alle viel zu tun. Manche von uns mögen gelegentlich – oder vielleicht wäre ‚regelmäßig' der bessere Ausdruck – den Eindruck haben, daß sie mehr zu tun haben, als ein vernünftiger Mensch bewältigen kann. Sie werden ebenso den Eindruck haben, daß manche der Dinge, zu denen sie nicht kommen, wichtiger oder interessanter sind als die Arbeit, in der sie bis zum Halse stecken. Ein abgehetzter Bekannter hat erst vor ein paar Tagen zu mir gesagt: „Ich hätte gerne nur einen Moment mehr, um nachzudenken." Das alles ist wichtig. Wir können nicht effektiv arbeiten, wenn wir immer alles überstürzt erledigen müssen.
Heute möchte ich Ihnen zeigen, daß wir Zeit schaffen können. Wer hätte gerne fünf Extraminuten? Das klingt nicht nach viel – kaum genug Zeit, um einen Kaffee hinunterzustürzen, geschweige denn, etwas Sinnvolles zu tun. Aber wenn wir an jedem Werktag diese Zeit einsparen, ergibt das 18 Stunden pro Jahr – und wer von uns könnte die nicht gut gebrauchen, immerhin mehr als zwei ganze Arbeitstage!
Zeit ist eine Ressource, und heute möchte ich Ihnen dabei helfen, ihre Verwendung zu maximieren. So viel Zeit wird verschwendet. Unterbrechungen, unnötige Telefonate, scheinbar endlose Meetings – muß ich noch mehr nennen? Wir alle kennen das.

Beispiel: Stichpunkte des Sprechers

Intro:	*pünktlicher Beginn* ● *viel zu tun* - *zu viel* - *Routine gegenüber Bedeutsamkeit* *„Zeit, nachzudenken"* - *nicht effektiv* ● *(heute) Zeit schaffen*	**1** *Beispiel:* *5 min?* *5 min * 220* *= ca. 18 h* *mehr als zwei Tage!*
(S1)	*ZEIT IST EINE RESSOURCE*	
	aber ● *viel Verschwendung* - *Unterbrechungen* - *Telefon* - *Meetings!* *Also? Gute/schlechte Nachricht* ● *Schlecht - schwierig + Druck* ● *Gut* - *Grundeinstellung* - *Techniken* →	*Ergebnis* - *organisiert* - *Prioritäten* - *Verschwendung vermeiden* - *Handhabung*
Wohin geht Zeit jetzt	*Arbeitsablauf (dann Techniken zur Verbesserung)*	
ZEIT:		

Aber was können wir dagegen tun? Nun, ich habe eine gute und eine schlechte Nachricht.
Die schlechte Nachricht ist, daß Zeitmanagement schwierig ist, besonders wenn wir stark unter Druck stehen.
Die gute Nachricht ist, daß wir – mit der richtigen Grundeinstellung und gewissenhafter Anwendung einiger Techniken – etwas bewirken können: wir können uns angewöhnen, organisiert zu sein, uns auf die Prioritäten zu konzentrieren, Zeitverschwendung zu vermeiden und Unterbrechungen so zu handhaben, daß sie so kurz wie möglich ausfallen.
Werfen wir nun einen Blick darauf, wofür wir unsere Zeit momentan verwenden, dann auf ein paar Techniken, die unseren Arbeitsablauf kontrollieren ..."

Die Stichpunkte des Sprechers müssen nur so detailliert sein, daß ein gut vorbereiteter Redner bequem mit ihnen arbeiten kann. Berücksichtigen Sie die Punkte, die dieses Beispiel benutzt, und versuchen Sie dabei im Kopf zu behalten, daß eine zusätzliche farbige Markierung (z.B. mit einem auffälligen Leuchtstift) die Notizen noch übersichtlicher strukturieren würde.

Wie Sie Ihre Notizen strukturieren

Die folgenden Elemente haben sich als sinnvoll erwiesen, um Sprechernotizen in eine übersichtliche Form zu bringen:

- Hauptkategorien. Die Seite ist in kleinere Segmente unterteilt (eine farbige Linie wäre am besten), die jeweils eine handhabbare Fläche schaffen, auf die sich das Auge leicht konzentrieren kann. Dies stellt sicher, daß Sie sich während des Sprechens nicht auf der Seite „verirren".

- Symbole sparen Platz und heben sich visuell vom Rest der Seite ab. Somit übersehen Sie sie nicht. Benutzen Sie Symbole immer einheitlich, damit keine Verwirrung aufkommt, welches Symbol welche Bedeutung hat. Zu viele Symbole erschweren das Verständnis der Stichpunkte.
- Spalten. Diese grenzen unterschiedliche Elemente der Liste voneinander ab. Sie haben eine Vielzahl an Wahlmöglichkeiten bezüglich Anzahl und Inhalt von Spalten.
- Großzügige Anordnung. Schreiben Sie nicht zu eng gedrängt, sonst verlieren Sie den Überblick. Umblättern dauert nur eine Sekunde, und häufig können Sie eine Seite dort beenden, wo ohnehin eine kurze Pause im Vortrag angebracht ist.
- Betonungen sollten deutlich herausgestellt werden. Wieder kann eine farbige Markierung sinnvoll sein.
- Zeitangaben. Sie können so oft, wie es Ihnen vernünftig erscheint, eine Zeitangabe einfügen (abgelaufene oder noch verfügbare Zeit). Vergessen Sie nicht: Die Zuhörer lieben es, wenn ein Zeitplan eingehalten wird.
- Optionen. Entsprechend gekennzeichnete Gedanken können als Zusatzinformationen hinzugefügt oder weggelassen werden, je nach Zeit oder Feedback. Sie ermöglichen eine Feinabstimmung auch während Ihrer Präsentation.
- Eine deutliche Seitennumerierung hat sich als sinnvoll erwiesen.

Gute Vorbereitung und gute Stichpunkte arbeiten Hand in Hand. Wenn Sie gut vorbereitet sind, Ihrem Material und sich vertrauen, sind Sie auf dem besten Weg, eine gute Präsentation zu halten.

Die Proben

Proben gehören zur Vorbereitungsphase, und Sie können sie in den verschiedensten Ausprägungen durchspielen. Am einen Ende der Skala liegt das einfache „Im-Kopf-Durchsprechen“, am anderen Ende ein Trockendurchlauf vor einer oder mehreren Personen. Eine andere Möglichkeit ist, z.B. einen Videorekorder zu benutzen oder vor einer formelleren Beraterrunde zu üben. Die Wahl liegt bei Ihnen und sollte von der Wichtigkeit und Art des Ereignisses abhängen sowie von dem Vertrauen, das Sie in das haben, was Sie tun können und werden.

Proben sollten vernünftigerweise auch folgende Aspekte umfassen:

- den Raum anzusehen, in dem Sie Ihre Präsentation halten werden
- Diaprojektoren (und andere Hilfsmittel) auszuprobieren
- klare Instruktionen vom Vorsitzenden einzuholen (es ist nervtötend, wenn der Leiter die Zuhörer in die Kaffeepause schickt, obwohl Sie vielleicht nur noch zwei Minuten hatten sprechen wollen).

Die Vorbereitung entscheidet maßgeblich, ob Ihre Präsentation gut wird. Berücksichtigen Sie in jedem Fall die folgenden Punkte:

- *Überlegen Sie, was sich Ihre Zuhörer von dem Vortrag erwarten, und gehen Sie auf diese Bedürfnisse ein.*
- *Sie müssen wissen, was Sie mit Ihrer Präsentation erreichen wollen. Ziel kann nicht das sein, was Sie sagen möchten, sondern das, was Sie mit dem Gesagten erreichen möchten.*
- *Legen Sie den Inhalt und eine Gliederung fest, und erstellen Sie prägnante Sprechernotizen.*

3. Den Vortrag halten

Es heißt, daß Sie niemals eine zweite Chance bekommen, um einen guten ersten Eindruck zu machen. Das mag klischeehaft klingen – ignorieren Sie es auf eigene Gefahr! Ein guter Start hat positive Effekte auf das Publikum und Sie selbst: Es kann ein wunderbares Gefühl sein, wenn Sie nach Ihren anfänglichen Befürchtungen bemerken, daß schon ein paar Minuten vorbei sind und alles gut klappt. Ein solcher Start gibt Ihrem Selbstvertrauen einen Schub und hilft Ihnen, das zu tun, was noch vor Ihnen liegt.

3.1 Der Anfang Ihrer Präsentation

Der Anfang erfordert eine besonders sorgfältige Vorbereitung. Ihre Stichpunkte müssen unter Umständen ein bißchen umfangreicher sein als an anderer Stelle, insbesondere wenn man die Komplexität dessen beachtet, was Sie bei der Eröffnung zu tun versuchen.
Der Anfang ist eine Vorstellung: Es muß klar sein, warum der Vortrag gehalten wird (vgl. die Ausführungen zur Zielsetzung, Seite 19). Der Rahmen muß gesteckt, das Thema vorgestellt und möglicherweise abgegrenzt worden sein – „In der verfügbaren Zeit werde ich hervorheben, was mir als die Schlüsselthemen erscheinen ...“. All das muß auf verständliche Weise gemacht werden, Sie müssen einen Effekt bei Ihrem Publikum erzielen, und zwar auf zweierlei Weise:

- Sie müssen die Aufmerksamkeit und das Interesse der Zuhörer erringen.
- Sie müssen eine angemessene Beziehung zu ihnen aufbauen.

Der Einstieg ist laut Definition kurz und muß als angemessener Teil des Ganzen angesehen und organisiert werden. Er stellt eine eigene, separate Einheit dar, soll aber trotzdem eine flüssige Überleitung zum Mittelteil, dem „Hauptgang“ des Vortrags, erlauben. Bevor er das jedoch tun kann, muß er die Aufgaben erfüllen, die Sie für ihn vorgesehen haben, und die richtige Reaktion im Publikum bewirken.

Ihre Aufgaben für den Einstieg

Zu den wichtigsten Zielen, die Sie im Anfangsteil Ihrer Präsentation erreichen wollen, gehören:

- Definition und Beschreibung des Themas
- Darstellung der Zielsetzung
- Erklärung, warum dies wichtig oder sinnvoll ist
- einen Anfang zu finden, der Interesse und Erwartungen bei den Zuhörern weckt, so daß sie die folgenden Ausführungen hören wollen
- wenn möglich so anzufangen, daß Sie an die besonderen Erwartungen des Publikums anknüpfen
- ein Gefühl zu etablieren, daß der Vortrag wichtig ist – für die Zuhörer.

Je nach Einzelfall können noch andere Ziele hinzukommen: die Leute aufnahmefähig halten, eine spätere aktive Beteiligung vorbereiten oder etwas vorweg klären (z.B. den Grad des technischen Fachwissens).

Aufmerksamkeit erzeugen

Es gibt zwei Arten, auf die Sie anfangen können:

- mit den Formalitäten
- mit etwas, das vor den Formalitäten liegt.

„Guten Morgen, meine Damen und Herren, vielen Dank, daß ich heute zu Ihnen über die Kunst des Präsentierens sprechen darf ...“, mag bei manchen Gelegenheiten angemessen sein. Solange der Eingangssatz kurz ist, gilt er als Formalität, und das Publikum wird im folgenden etwas Interessanteres erwarten.

Förmlich oder nicht?

Formalitäten mögen wichtig sein – ist z.B. ein „Dankeschön“ angebracht, sollten Sie es natürlich nicht weglassen; es darf aber auch nicht vorrangig sein.
Wie wäre es z.B. mit folgender Formulierung: „Die nächsten dreißig Minuten werden Ihnen dabei helfen, eine wichtige Aufgabe besser und schneller zu erledigen, als Sie es jetzt tun. Welche Aufgabe? Präsentationen zu halten. Bevor ich darauf zu sprechen komme, wie Sie diese Angelegenheit effektiver gestalten, lassen Sie mich Ihnen danken ...“
Oftmals kann dieser zweite Ansatz die bessere Wirkung bei den Zuhörern erzielen.

Organisatorisches klären

Ein letzter lohnender Punkt in diesem Zusammenhang betrifft organisatorisch-administrative Dinge. Es könnte wichtig sein, bestimmte Leute zu begrüßen, bei einer längeren Sitzung auf Pausen oder Erfrischungen hinzuweisen oder beispielsweise die Rauchfrage zu klären.
Es gibt keinen Grund, warum ein Vortrag nicht zwei Aufmacher haben könnte. Beginnen Sie – und erzielen Sie eine Wirkung –, schweifen Sie mit dem Organisatorischen ab, starten Sie dann erneut, und behandeln Sie diesen Neustart als den eigentlichen Aufmacher.

Die Dauer festlegen
Ganz wichtig ist, zu Beginn die Dauer Ihrer Präsentation einzugrenzen. Es ist ein wenig unbehaglich, in einem Vortrag zu sitzen und nicht zu wissen, wie lange er ungefähr dauern wird – zehn Minuten, zwanzig; eine Stunde, zwei? Sie können z. B. folgende Formulierung wählen: „Ich kann wenig für die nächste Stunde versprechen, folgendes jedoch mit Bestimmtheit sagen: Ich werde pünktlich aufhören, Sie werden um 12 Uhr wieder draußen sein."

Weitere Möglichkeiten,
um Aufmerksamkeit zu erringen
- Überraschen Sie Ihre Zuhörer mit etwas, das sie noch nicht wissen: „Frisch aus der Presse – der Bericht im Handelsjournal ist draußen, und wir kommen prima darin weg ..."
- Stellen Sie ihnen zu Beginn oder während längerer, vielleicht sogar komplizierter Ausführungen eine Frage: „Wie viele Mannstunden wurden letzte Woche verschwendet?" Dies kann eine rhetorische Frage sein, die sofort beantwortet wird von: „Lassen Sie mich es Ihnen sagen, es waren ...", oder eine tatsächliche Frage (was aber schnell zu Abschweifungen führen kann, wenn die Antwort nicht nach Ihren Vorstellungen ausfällt).
- Wecken Sie ihre Neugier: „Wie viele von Ihnen haben Angst vor Spinnen?" Als Aufmacher einer Rede über Präsentationen mag dies ein wenig merkwürdig erscheinen, aber es lenkt Aufmerksamkeit auf Sie – die Leute fragen sich: „Wie paßt das zum Thema?" In diesem Fall könnten Sie die Verbindung

zu Ihrem Thema über andere Ängste – einschließlich der Angst vor dem öffentlichen Sprechen – herstellen, können im Thema weitermachen und sind sich durch diesen Einstieg – zumindest vorerst – der Aufmerksamkeit des Publikums sicher.

- Erinnern Sie sie an etwas, z. B. an gemeinsame Erfahrungen: „Als wir vor zwölf Monaten zum jährlichen Treffen der Planungskommission zusammenkamen, sagte ich …"
- Bieten Sie ihnen etwas zum Hinsehen: „Die Zeit läuft ab …" könnte von einer Geste begleitet werden, indem Sie vielleicht langsam Ihre Uhr ablegen oder auf eine Wanduhr zeigen.
- Sagen Sie etwas Dramatisches, und sagen Sie es auch auf dramatische Weise: „Die nächste halbe Stunde kann die Geschicke der Firma für immer verändern. Wie? Indem …"
- Erzählen Sie eine Anekdote, vielleicht mit einer humoristischen Note – aber Vorsicht, Sie dürfen nicht die Pointe verpatzen: „Es war einmal …"
- Setzen Sie Ihr Publikum über eine Tatsache in Kenntnis, die für das Thema von Bedeutung ist: „90 Prozent unserer Telefonkontakter beantragen für die erste Julihälfte Urlaub, und dies ist nur ein Grund, die gegebene Einstellungspolitik und Mitarbeiterführung zu überdenken …"
- Zitate sind bei vielen Rednern beliebt. Zitieren Sie möglichst etwas Wichtiges, das Ihnen als Argument dient: „Der Physiker Nils Bohr sagte einmal: ‚Vorhersagen sind immer schwierig, insbesondere über die Zukunft.' Da ist etwas Wahres dran. Aber genau das muß ich jetzt versuchen …"

- Sagen Sie nichts: oder sagen Sie etwas, und machen Sie dann eine Pause: „Hören Sie hin" – Sie zählen leise bis zehn – „nicht ein Geräusch – arbeitet hier überhaupt irgend jemand?"

Diese „Tricks" können verbunden oder erweitert, es können auch neue hinzugefügt werden. Wichtig ist, daß die ersten Worte – oder manchmal Sätze – immer die Neugier des Publikums wecken. Nur dann wird es Ihrer Präsentation aufmerksam folgen.

Die ersten Worte Ihrer Präsentation bestimmen maßgeblich die generelle Haltung des Publikums zu Ihnen. Versuchen Sie daher, die Aufmerksamkeit Ihrer Zuhörer zu fesseln – durch rhetorische Fragen, Neuigkeiten, das Erwähnen von Gemeinsamkeiten etc.

3.2 Aufbau einer Beziehung zum Publikum

Niemand will sich durch einen Vortrag quälen, der langweilig, schwerfällig und irrelevant ist. Doch auch, wenn die Gefühle, mit denen der Redner an seine Präsentation herangeht, negativ sind, kann man fast mit Sicherheit sagen, daß ein Publikum meist positive Einstellungen hat. Die Zuhörer wollen, daß der Vortrag interessant und erfolgreich wird. Sie neigen dazu, die Unsicherheit des Sprechers positiv zu bewerten, und wenn sie sich ebenso für Sie erwärmen wie für das, was Sie sagen, dann steigt die Wahrscheinlichkeit eines allgemeinen Zuspruchs.

Überlegen Sie im Vorfeld, wie Sie gesehen werden möchten. Wollen Sie wie ein Experte wirken, respekteinflößend, verständnisvoll – oder wie ein guter Freund? Diese Attribute schließen sich natürlich nicht unbedingt gegenseitig aus, aber Sie müssen Ihre Erscheinung dem Anlaß und den Zuhörern anpassen.

Enthusiasmus verbreiten

Ein Faktor ist bei jeder Art von Präsentation hilfreich: Enthusiasmus. Er ist äußerst ansteckend und kann einen gewaltigen Effekt haben. Wenn Sie mit Ihren Worten Enthusiasmus ausdrücken – und dabei ehrlich sind –, wirken Sie lebhafter, was natürlich eine gute Sache ist. Selbst eine Begräbnisrede kann ein gewisses Maß an Enthusiasmus vertragen, er sollte also ein fester Bestandteil Ihres Ansatzes sein. Darüber hinaus gibt es einige andere Faktoren, die – kombiniert oder einzeln – eine Beziehung zum Publikum aufbauen können.

Die richtigen Formulierungen

Feinheiten der Wortwahl können große Unterschiede in der Wirkung der Aussage nach sich ziehen. Vergleichen Sie einmal die folgenden Formulierungen:

- „Wir sollten in Betracht ziehen …"
- „Sie sollten in Betracht ziehen …"
- „Ich glaube, Sie sollten in Betracht ziehen …"
- „Die meisten Leute halten es für wichtig … in Betracht zu ziehen."

Die Aussagen „fühlen" sich unterschiedlich an. Andere Phrasologien haben ähnliche Effekte, z.B. „etwas tun müssen", „etwas tun sollen", „etwas sinnvoll finden" etc. Wählen Sie entsprechend Ihren Absichten.

Das Publikum einbeziehen

Verknüpfen Sie Ihre Situation und Erfahrung mit der des Publikums. Beziehen Sie Ihre Zuhörer mit ein. Verwenden Sie Sätze wie „Wir alle kennen das Problem des …“, „Wie wir alle wissen …“ oder „Wir alle hatten in den letzten Wochen unter der Situation zu leiden …“, die deutlich machen, daß Sie Teil der Gruppe sind und nicht von außen zu ihr sprechen.

Machen Sie bisweilen auch Komplimente. Übertreiben Sie nicht und sprechen Sie nicht gönnerhaft; manchmal aber kann ein „Da Sie auf diesem Gebiet selbst Experten sind, werden Sie …“ sich als hilfreich erweisen.

Feedback suchen

Überlegen Sie sich, wie die Zuhörer Ihre Präsentation beurteilen würden. Würden Sie bejahen, daß:

- sie sich angemessen angesprochen fühlen
- ihre besonderen Bedürfnisse berücksichtigt werden
- der Redner einnehmend ist oder daß es sich zumindest lohnt, ihm zuzuhören
- sie beginnen, dem Gesagten zuzustimmen?

Wenn dem so ist, dann können Sie zuversichtlich fortfahren, denn Sie haben ein solides Fundament geschaffen, auf dem Sie aufbauen können.

Damit Ihre Präsentation – selbst nach einem gelungenen Einstieg – positiv aufgenommen wird, müssen Sie eine Beziehung zu Ihrem Publikum aufbauen. Verbreiten Sie Enthusiasmus, wählen Sie Ihre Formulierungen mit Bedacht, und beziehen Sie Ihre Zuhörer mit ein.

3.3 Der Mittelteil Ihrer Präsentation

Gute Organisation und Struktur sind in diesem längsten Teil Ihres Vortrags besonders wichtig. Sie müssen hier
- die Details Ihrer Aussage vermitteln
- die Aufmerksamkeit aufrechterhalten und Interesse aufbauen.

Einer Struktur folgen
Manche Vortragende haben etwas, was man vielleicht einen „Und jetzt zu etwas völlig anderem"-Stil nennen könnte. Sie springen von einem Aspekt zum nächsten. Obwohl man die unterschiedlichen Punkte als solche erkennen kann, hat man dennoch keine Ahnung, auf welche Weise sie zusammenhängen. Jede Struktur, die möglicherweise existiert hat, wird durch den Sprung des „und jetzt ..." zum „als nächstes ..." begraben.
- Sie müssen für sich eine deutliche Struktur entwickeln und diese während des Vortrags ständig im Hinterkopf behalten.
- Sie müssen die gewählte Struktur bereits zu einem frühen Zeitpunkt deutlich machen (in angemessener Länge).
- Wenn nötig, sollten Sie Ihren Zuhörern die Logik der Struktur erklären: „Ich habe diese Reihenfolge gewählt, damit ..."
- Die Zuhörer müssen ständig wissen, wo Sie sich gerade befinden, indem Sie darauf verweisen, welche Punkte Sie behandeln (vgl. Seite 48).
- Sie müssen eine angemessene Verbindung zwischen optischen Hilfsmitteln (z.B. den Folien des Overheadprojektors) und dem, was Sie sagen, herstellen.

Die Kunst liegt darin, sich so von Punkt zu Punkt zu bewegen, daß Sie jedem gerecht werden, die Kontinuität wahren und eine klare Gesamtaussage formulieren. Auf der anderen Seite soll der Vortrag nicht zu starr werden. Sie müssen daher etwas Flexibilität beibehalten, indem Sie z.B. auch auf überraschend auftauchende Aspekte eingehen.

So ist es richtig

- Drücken Sie sich immer deutlich aus. Kommunikation ist von Natur aus kompliziert, und es gibt eine Menge Möglichkeiten für Mißverständnisse. Sie müssen die Dinge auf den Punkt bringen. Es ist nicht gut, zu denken: „Was ist los mit diesen Leuten? Sind das alles Idioten?“, wenn Sie es in Wahrheit sind, der ungenau oder begriffsstutzig ist. Auch macht es einen hervorragenden Eindruck, wenn die Zuhörer etwas Kompliziertes erwarten und etwas Leichtverständliches bekommen.
- Halten Sie die Aufmerksamkeit des Publikums aufrecht: Dieser Punkt wurde bereits erwähnt (vgl. Seite 38), es lohnt sich aber, noch einmal darauf zu verweisen. Er ist eine Meßlatte, wie sehr Sie auf die Bedürfnisse der Zuhörer eingehen.
- Vorträge sollen ein Bild malen. Dies kann auf unterschiedliche Weise geschehen, z.B. durch das Herausstellen von Ähnlichkeiten – „es ist wie ...“ oder „ähnlich wie in ...“. Je treffender das Bild, desto größer die Wirkung des Arguments.
- Die Zuhörer sollen sich an das Gesagte erinnern: nicht an jedes Wort, das wäre sicherlich unmöglich. Einen besonders treffenden oder aussagefähigen Satz

sollten sie jedoch im Kopf behalten – verwenden Sie also einige wichtige Formulierungen häufiger. Wiederholen Sie sich aber nicht ständig!

- Benutzen Sie visuelle Hilfsmittel: Nehmen Sie Dias oder Exponate (etwa Beispiele aus der Produktpalette); sie bieten Abwechslung und unterstreichen Ihre Aussage. Denken Sie nur an die Wirkung einer Grafik, die buchstäblich in einem Augenblick eine Aussage vermittelt, die in Worte zu fassen viel länger dauern würde (mehr zu visuellen Hilfsmitteln in Kapitel 5, vgl. Seite 68 ff).
- Unterstützen Sie Ihre Aussage mit Ihrem ganzen Körper. Enthusiasmus ist ein Teil davon, auch Gestik und Lebhaftigkeit gehören dazu. Abwechslung in der Stimmlage, Tempo und Betonung verstärken die Wirkung.
- Beweisen Sie, wo es notwendig wird: Wenn Sie die Zustimmung des Publikums benötigen (was nicht immer der Fall sein muß), denken Sie daran, daß Sie die Fakten nicht einfach darlegen können, wie Sie sie sehen. Wenn Sie einfach nur sagen: „Eine praktische Lösung ist ...“, wäre die Reaktion der Zuhörer: „Das war klar, daß er das sagen würde.“ Andere Meinungen, Verweise, Test- und Forschungsergebnisse anzuführen (oder was auch immer in den Kontext paßt) verstärkt Ihre Argumentation.
- Verwenden und zeigen Sie einen übergeordneten Plan: Wenn das Thema besonders komplex wird, könnte sich ein visuelles Hilfsmittel (z. B. Dias oder ein Flip-chart) als hilfreich erweisen, das einen Gesamtüberblick über Ihre Präsentation gibt und als Inhaltsangabe Ihres Vortrags dient. Auf diese Weise

können Sie außerdem Punkte rekapitulieren, vorwegnehmen, den Kontext herstellen und zum nächsten Punkt überleiten.

Der Mittelteil der Präsentation ist die längste und zugleich wichtigste Phase. Damit Ihr Publikum nicht abschweift, sondern interessiert zuhört, müssen Sie die Struktur Ihres Vortrags offenlegen, regelmäßig darauf verweisen, was Sie gerade warum sagen, und den Zusammenhang der einzelnen Punkte deutlich machen.

So ist es falsch

Einige Dinge sind unbedingt zu vermeiden:

- Unnötige verbale Ausschmückung: Hier denke ich weniger an einfaches Schwafeln (das natürlich auf jeden Fall vermieden werden sollte), sondern an Wörter und Phrasen wie z.B. das äußerst beliebte „andererseits", das meist falsch gebraucht wird (weil das einführende „einerseits" fehlt) und nur der Überleitung zu einem neuen Punkt dient.
- Zu häufige Verwendung von Fachsprache: Als professionelles Kürzel kann sie nützlich sein – warum vier Wörter benutzen, wenn man sie zum Beispiel durch eine Abkürzung ausdrücken kann? Das funktioniert nur, wenn alle Teilnehmer die Fachausdrücke verstehen, andernfalls erschweren sie das Verständnis und lenken ab. Unangemessene Fachsprache wird auch als Mangel an Höflichkeit und Respekt gegenüber den Zuhörern gewertet.
- Ungenauer oder nichtssagender Ausdruck: Was sagt man aus mit „recht nett", „ziemlich groß", „ganz gut"? Wenn die Aussage nicht wichtig ist, mag dies

ausreichend sein, aber eine andere, treffendere Beschreibung ist immer besser.

- Unbelegte Annahmen: Dazu gehört alles, was Sie nicht ganz genau über das Publikum wissen. Sie sollten z.B. keine Annahmen über den Grad seines Wissens, seine Erfahrungen, Ansichten, Ängste, Vorurteile oder ähnliches machen. Legen Sie falsche Annahmen zugrunde, wird Ihr Vortrag negativ bewertet – um so mehr, wenn die Zuhörer glauben, daß Sie die Fakten hätten kennen müssen.

Rückmeldungen des Publikums

Auch wenn Sie die Gruppe nicht ausdrücklich beteiligen, wird sie Ihnen doch Zeichen geben, die Sie – wenn Sie schnell genug darauf reagieren – zur Feinabstimmung nutzen können.
Achten Sie auf Hinweise, wie die Zuhörer reagieren:

- Sind sie zappelig oder unruhig?
- Nicken oder tuscheln sie?
- Können Sie Rückmeldungen erhalten (durch eine schnelle Frage und vielleicht Handzeichen)?

Manche Beobachtungen offenbaren augenscheinlich positive Reaktionen, andere müssen eventuell überprüft werden: eine dem Nachbarn zugeflüsterte Bemerkung kann „das ist ein wichtiger Punkt“, aber auch „hast du gestern ferngesehen?“ bedeuten. Andere Rückmeldungen können offenbar negativ sein, aber nützliche Hinweise liefern. Wie Bob Hope einmal über seine frühen Tage sagte: „Wenn das Publikum einen mochte, haben sie nicht applaudiert – sie haben einen nur am Leben gelassen.“

Vermeiden Sie unpassende Formulierungen, z. B. unnötige Ausschmückung einer Tatsache, Fachsprache (wenn sie nicht alle Anwesenden beherrschen), ungenaue Ausdrücke und unbelegte Annahmen. Ihre Zuhörer sind sehr kritisch und verlieren leicht das Interesse an Ihren Ausführungen.

3.4 Wegweiser

Dieser Ausdruck bezeichnet eine Technik, die sowohl Ihnen als auch dem Publikum hilft. Wegweiser kündigen an, was kommt. Die Leute haben gerne einen Überblick, sie wissen gerne, wo sie gerade sind. Indem Sie ihnen in dieser Hinsicht behilflich sind, können Sie während der Präsentation Pluspunkte sammeln. Die Zuhörer hören dann auf, sich selbst zu fragen: „Wo führt das hin?", und sagen statt dessen: „Klar, das macht Sinn, was kommt als nächstes?" – und sie werden zuhören.

Ein Beispiel

Der folgende Abschnitt gibt die Einleitung einer Projektbesprechung wieder: „Stellen wir sicher, daß wir uns alle im klaren darüber sind, was in der folgenden Stunde auf uns zukommt. Ich werde mit dem Stand der Dinge beginnen, dann werden die Abteilungsleiter Kommentare über ihre jeweiligen Ressorts hinzufügen. Anschließend müssen wir sehen, was wir zu tun haben, um die Fristen einzuhalten, und schließlich werde ich darauf eingehen, was wir vor dem nächsten Treffen erledigen müssen."

Im weiteren Verlauf könnten noch mehr Wegweiser folgen, wenn das Angekündigte tatsächlich behandelt wird: „So, kommen wir zum Stand der Dinge. Ich werde einige Anmerkungen zum Stadium machen, in dem wir uns gegenwärtig befinden, dann darüber, wie die Kostenentwicklung aussieht, und dann über den Rücklauf, der ein gewisses Maß an Feinabstimmung zur Folge haben kann."
Dies könnte dann auf der nächsttieferen Ebene fortgeführt werden: „In punkto Kosten müssen wir Material und Personal getrennt betrachten. Ich beginne mit den Materialien ..."
Sogar diese Ebene kann noch Unterteilungen fordern. Wegweiser kann man fast nicht überstrapazieren.

Vorteil: Orientierungshilfe

Der Nutzen dieser Technik liegt offensichtlich darin, sich zu organisieren. Weiterhin ist sie wahrscheinlich bei langen und komplexen Vorträgen sinnvoller als in Situationen, in denen Sie nur fünf Minuten zu einem einfachen Thema sprechen.
Wegweiser können unterschiedlich verwendet werden – nicht nur, um die Struktur zu verdeutlichen, sondern auch, um einzelne Elemente hervorzuheben. Beispiele dafür:

- „Hier ein Beispiel, wie es funktioniert" (bedeutet explizit, daß ein Beispiel folgt)
- „Zum Beispiel ..." (impliziert lediglich, daß ein Beispiel folgt)
- „Wenn wir uns nun die Zahlen genauer ansehen, wird doch sehr gut deutlich ..." (einerseits wird die Aufmerksamkeit auf das folgende Beispiel gelenkt,

andererseits wird betont, daß das Augenmerk auf Details gelegt werden muß)

- „Lassen Sie mich etwas abschweifen“ (macht deutlich, daß das Folgende abseits des Hauptthemas liegt – und vielleicht nicht direkt damit assoziiert wird)
- „Vielleicht kann ich hier etwas hinzufügen“ (hiermit sagen Sie, daß die Abschweifung über den ursprünglichen Inhalt hinausgeht)
- „Aus einem weniger ernsthaften Blickwinkel“ (damit implizieren Sie eine Abschweifung, die amüsant sein könnte).

Sie steigern den Nutzen der Wegweiser noch, indem Sie auch das Warum erklären: „An dieser Stelle ein Beispiel, welches eine Verbindung herstellt zwischen dem eben Gesagten und Ihrer täglichen Arbeit.“
Wegweiser informieren also nicht nur, sie können auch beeinflussen. Ihre Wortwahl kann die Zuhörer dazu bringen, besonders aufmerksam zuzuhören, das Gesagte mit ihrer eigenen Situation zu verbinden, Notizen zu machen, etwas im Kopf zu behalten, das für das weitere Verständnis wichtig ist. Wegweiser können Sie bei jeder Präsentation verwenden – egal, über welches Thema Sie sprechen. Achten Sie aber darauf, daß Sie sie nicht in klar gegliederten Situationen gebrauchen. Die Zuhörer könnten sich sonst als unmündig behandelt fühlen.

Verwenden Sie in Ihrem Vortrag regelmäßig Wegweiser, die ankündigen, wie Sie mit Ihren Ausführungen fortfahren. Dadurch verweisen Sie immer wieder auf die Struktur und die Ziele Ihrer Präsentation.

3.5 Die Schlußphase Ihrer Präsentation

Ein glückliches Ende ist befriedigend. Die Fäden laufen zusammen, Schlußfolgerungen werden gezogen, realistische Handlungen vereinbart. Das Ende eines Vortrags ist – wie der Anfang – wichtig: unverhältnismäßig wichtig. Man sollte sich daher bei der Vorbereitung einige besondere Gedanken machen, damit er gelingt. Es muß Ihr Ziel sein,

- letzte Feststellungen zu machen und zusammenzufassen
- weiterführende Hinweise zu geben (Schlußfolgerungen zu ziehen und Empfehlungen zu treffen)
- mit einer positiven und möglichst wichtigen Aussage zu enden
- vor allem die Ziele des Publikums erfüllt zu haben.

Die Schlußaussage

Entscheiden Sie sich zunächst für eine Schlußaussage. Ihre Ziele sowie die Logik und Struktur des bisherigen Vortrags werden Sie normalerweise von ganz alleine zu einem Schlußpunkt führen. Effektiv zusammenzufassen ist nicht die leichteste Sache der Welt, und es macht daher erheblichen Eindruck, wenn Sie es gut machen. Für diesen letzten Eindruck, der im Gedächtnis der Zuhörer hängenbleibt, lohnt sich der Aufwand.

Was Sie unbedingt vermeiden sollten:

- Nicht – scheinbar zum Ende kommen und doch weitermachen (und manchmal weiter und weiter und ...), dreimal „abschließend" sagen und dann doch wieder abschweifend herumschwafeln.

- Nicht – auf das Ende zuhasten (weil die Zeit vielleicht abläuft oder aus reiner Erleichterung, daß Sie das Wichtigste gesagt haben) und Ihre Aussagen dann zusammenhanglos und verwirrend werden lassen. Dies gäbe einen schlechten Eindruck.
- Nicht – Punkte unnötig oft wiederholen: Zusammenfassung bedeutet, die Kernaussagen prägnant zu wiederholen, und ist keine Ausrede dafür, noch mal den halben Vortrag herunterzuleiern. Die Zuhörer würden dadurch außerdem verwirrt werden.
- Nicht – als letztes „ich danke Ihnen" sagen. Auch wenn Sie einen wirkungsvollen Schluß hatten, mit „ich danke Ihnen für Ihre Aufmerksamkeit ..." aufzuhören nimmt etwas die Wirkung Ihrer Präsentation. Natürlich ist damit nicht gemeint, daß Sie ein Dankeschön auslassen sollen, wenn eines angebracht ist, aber stellen Sie es bitte nicht ganz an den Schluß. Versuchen Sie daher folgenden Ansatz: „Ich danke Ihnen für Ihre Aufmerksamkeit. Lassen Sie mich mit einem letzten Gedanken enden ..."

Der Schlußsatz

Dieser Teil Ihres Vortrags mag länger in den Köpfen der Zuhörer bleiben als alles andere, was Sie gesagt haben – also sollte er der Situation entsprechend und mit Bedacht ausgewählt werden, gelegentlich sogar denkwürdig sein. Wählen Sie ähnliche Stilmittel wie zur Eröffnung Ihrer Präsentation – eine Frage, ein Zitat, eventuell verbunden mit einer Aufforderung zum Handeln. Machen Sie nicht den Fehler, Ihre Wachsamkeit und Bemühungen um die Zuhörer gegen Ende Ihres Vortrags abflauen zu lassen.

Den Zeitrahmen einhalten

Es heißt, der Schlüssel zu erfolgreicher Komödie sei das Timing. Auch bei Vorträgen ist es wichtig. Beenden Sie Ihre Präsentation immer pünktlich. Das Einhalten des Zeitrahmens erfordert Disziplin von Ihnen, aber es ist ein Akt der Höflichkeit, und – was vielleicht noch wichtiger ist – es macht Eindruck. Lenken Sie die Schlußphase ein mit: „... in der vergangenen halben Stunde habe ich ...", und fügen Sie kurz vor dem Ende hinzu: „... ich sehe, meine Zeit ist fast abgelaufen, also ...", und Sie werden zusätzliche Bewunderung ernten.
Durch gutes Timing vermeiden Sie auch, daß die Leute vom Thema abschweifen und statt dessen auf die Uhr schauen – „Schon fünf Minuten darüber, wie lange denn noch ...?".

Mit Unvorhergesehenem umgehen

Im Laufe Ihrer Präsentation kann alles mögliche passieren und Unterbrechungen hervorrufen. Versuchen Sie sich solche Situationen auszumalen – spielen Sie in Gedanken durch, wie Sie mit ihnen umgehen. Und – einc weitere Regel – versuchen Sie niemals, eine Unterbrechung zu ignorieren. Wenn jemand mit einem Kaffeewagen hereinkommt und Lärm macht, akzeptieren und bewältigen Sie es! Ihre Zuhörer würden es merkwürdig finden, wenn Sie so täten, als ob nichts geschehen wäre, und stur mit Ihrer Präsentation fortfahren würden. Bei einem formelleren Vortrag könnten Sie sich in solchen Situationen an den Vorsitzenden wenden: „Soll ich für einen Augenblick anhalten?" Dieser wird dann entweder die Störung unterbinden oder einer kurzen Pause zustimmen.

Die Schlußphase Ihrer Präsentation bleibt am längsten im Gedächtnis der Zuhörer. Verwässern Sie nicht die Wirkung, indem Sie nicht zum Ende kommen, x-mal zusammenfassen oder ohne eine gute Schlußaussage abrupt abbrechen.

Und das war auch schon alles. Na ja – vielleicht nicht ganz. Da kommt noch etwas, sogar noch eine ganze Menge, das berücksichtigt werden muß, das Endergebnis beeinflussen und Ihre Präsentation zu einem Erfolg machen kann.

Zu guter Letzt: Können Sie Auto fahren?

Beenden wir also dieses Kapitel mit einer Analogie: Können Sie Auto fahren? Erinnern Sie sich noch, wie Sie fahren gelernt haben (sollten Sie kein Autofahrer sein, denken Sie an einen ähnlich komplexen Ablauf)? Ihnen wird sicherlich noch der Zeitpunkt einfallen, an dem Sie dachten, Fahren sei eine physikalische Unmöglichkeit. Wenn es Ihnen wie mir erging, dann gab es einen Zeitpunkt, an dem Ihnen die vielen gleichzeitig zu berücksichtigenden Dinge – steuern, schalten, auf die Straße achten, blinken (denken, um Himmels willen!) – ganz einfach zuviel vorkamen und Sie dachten, niemals fahren zu können. Aber irgendwann hat es doch funktioniert, und – obwohl es immer Konzentration erfordert – manches ist dem erfahrenen Fahrer in Fleisch und Blut übergegangen. Es ist tatsächlich machbar, und alles Nötige kann gleichzeitig getan werden.

Präsentationen zu halten ist dem Autofahren auf manche Weise ähnlich. Es gibt nicht nur eine Menge zu berücksichtigen, sondern auch tatsächlich zu tun und scheinbar gleichzeitig zu tun. Insbesondere den unerfahreneren Lesern soll an dieser Stelle versichert sein, daß Übung sicherstellt, daß sie gute Präsentationen halten können. Ein fundiertes Wissen des Prozesses ist ein erster Schritt auf diesem Weg.

Es kommt noch mehr auf uns zu. Im nächsten Kapitel werden wir einen Blick auf die unterschiedlichen Möglichkeiten werfen, mit denen man einem Vortrag Überzeugungskraft und Präzision hinzufügen kann.

Jeder Vortrag besteht aus Einleitung, Mittelteil und Schluß. Diese drei Phasen haben unterschiedliche Funktionen.

- *Mit der Einleitung müssen Sie die Aufmerksamkeit der Zuhörer wecken und sie neugierig auf Ihren Vortrag machen.*
- *Im Mittelteil, der schwierigsten Phase, präsentieren Sie Fakten und legen Sie Meinungen dar, um Ihre Ziele zu erreichen. Gehen Sie auf die Erwartungen der Zuhörer ein, und achten Sie auf Feedback.*
- *Der Schlußteil Ihrer Präsentation soll prägnant sein. Am besten formulieren Sie eine Schlußaussage, die dem Publikum im Gedächtnis bleibt.*

4. Überzeugungskraft und Präzision

Wissen Sie, was Sie während der Präsentation mit Ihren Armen und Beinen tun? *Seite 57*

Sind Sie sich der Möglichkeiten Ihrer Stimme bewußt (Tonfall, Betonung etc.)? *Seite 62*

Können Sie an geeigneter Stelle einen Witz oder etwas Dramatik in Ihren Vortrag einbauen? *Seite 65*

Einen Vortrag gut vorzubereiten und gut zu strukturieren ist wichtig, reicht aber nicht aus, um ihm einen Funken Leben einzuhauchen. Es gilt einige weitere Punkte zu berücksichtigen, wenn Sie mehr bieten wollen als einen zwar nützlichen, aber leider leblosen Vortrag. Salopp könnte man sagen: Stehen Sie auf, schauen Sie Ihren Zuhörern fest in die Augen, und zeigen Sie es ihnen! Im einzelnen sind folgende Punkte zu beachten:

- Fußarbeit
- Augen
- Hände, Arme und Gesten
- Stimme.

Am Ende dieses Kapitels wird ein in diesem Zusammenhang weiteres wichtiges Thema behandelt: die Verwendung von Humor.

4.1 Die Füße fest auf dem Boden

Füße scheinen ein unwichtiges Detail zu sein, aber Ihre Fußarbeit beeinflußt Ihre Haltung und somit Ihren Stil. Sie kann Ihnen Wohlbefinden verleihen – oder auch nicht.

Wo stehen Sie?
Überlegen Sie sich zuerst, wo Sie stehen. Es gibt eine Vielzahl von Möglichkeiten – je nach Raum, Tischanordnung etc. Wenn Sie die Veranstaltung nicht selbst organisiert haben, wird jemand anders für Sie entscheiden. Ob Sie auf einer Bühne, hinter einem Lesepult oder einfach hinter einem Tisch stehen – all dies birgt unterschiedliche Probleme und Möglichkeiten.

Hinter einem Tisch fühlt man sich sicherer, besonders wenn man sich am Rand eines Pults festhalten kann; der Bezug zur Gruppe ist aber stärker, wenn Sie direkt bei den Leuten sitzen. Jede Situation erfordert von Ihnen eine individuelle Organisation. So funktioniert eine Klemmappe, die Sie mit sich herumtragen können, besser als ein Haufen loser Blätter, wenn Sie kein Rednerpult oder einen Tisch zur Verfügung haben, auf dem Sie Ihre Unterlagen ablegen können.

Haben Sie erst einmal entschieden, von wo aus Sie sprechen, können Sie darüber nachdenken, wie Sie sich dort verhalten müssen.

Stehen Sie gerade

Die erste Regel lautet: Stehen Sie gerade. Sie wollen gepflegt und aufmerksam aussehen und nicht schludrig herumhängen. Wenn Sie die Beine ein wenig spreizen, haben Sie einen bequemen Stand, insbesondere, wenn Sie längere Zeit stehen müssen.

Bewegen Sie sich

Die zweite Regel fordert, sich zu bewegen. Unbeweglich dazustehen sieht nicht nur unbequem aus, sondern ist es auch. Schlimmer noch: Eine starre Haltung kann einen starren Vortrag erzeugen. Sich zu bewegen wird dagegen:

- einen aufgelockerten Stil mit Gesten sowie Spontaneität ermöglichen
- dazu beitragen, die Aufmerksamkeit des Publikums aufrechtzuerhalten (es wird sich ein wenig anstrengen müssen, wenn Sie sich bewegen).

Wie die meisten Techniken können Sie auch die Bewegung übertreiben. Zuviel davon, und Sie wirken nervös, zerstreut – so, als ob Sie sich zur falschen Zeit am falschen Ort befänden. Versuchen Sie ein Gleichgewicht zwischen Ruhe und Bewegung zu finden.

Wie und wo Sie stehen, bestimmt Ihr Auftreten. Stehen Sie fest auf beiden Füßen, aber bewegen Sie sich ab und zu, damit Ihr Vortrag nicht starr wirkt.

4.2 Schauen Sie ihnen in die Augen!

Welchen Eindruck möchten Sie beim Publikum auf jeden Fall vermeiden? Sicher möchten Sie nicht besorgt, nervös, inkompetent, unglaubwürdig, uninteressiert am Publikum (oder sogar an Ihrer Aufgabe), starr in Ihrem Ansatz wirken. Sie wissen, was ich meine. Der sicherste Weg, gerade einen solchen Eindruck zu erwecken, ist, keinen Augenkontakt mit Ihren Zuhörern zu halten.

Alle miteinbeziehen

Ein guter Augenkontakt braucht ein bißchen Übung, wird aber schnell zur Gewohnheit. Er sollte umfassend sein, die ganze Gruppe einbeziehen (oder alle Teile eines großen Publikums), und er sollte bewußt erfolgen und als absichtlich erkannt werden. Er sollte jedoch keinem regelmäßigen Muster folgen, da er sonst eher als Routine denn als echtes Interesse und Zuwendung verstanden wird.

Offenheit und Zuwendung sind in diesem Zusammenhang sehr wertvoll. Sie verstärken die Beziehung zum

Publikum und vermitteln Vertrauen. Sie erlauben eine größere Bestimmtheit (wo es angebracht ist) und machen zusammen mit dem passenden Gesichtsausdruck (sei es ein Lächeln oder konzentrierte Ernsthaftigkeit) die Art aus, auf die der Sprecher gesehen wird.

Halten Sie ständigen Blickkontakt mit Ihren Zuhörern. Sie vermitteln ihnen dadurch das Gefühl, daß Sie sie ernst nehmen und auf ihre Bedürfnisse eingehen. Beziehen Sie jeden einzelnen Teilnehmer mit ein. Indem Sie Ihr Publikum beobachten, erhalten Sie gleichzeitig Hinweise, wie Ihre Präsentation ankommt.

4.3 Wohin mit den Händen?

„Was mache ich mit meinen Händen?“ ist eine häufig gestellte Frage des unerfahrenen Sprechers. Weiß man nicht wohin mit ihnen, wirkt man schnell linkisch und vermittelt einen Mangel an Selbstvertrauen oder Autorität, den man besser vermeiden sollte. Zu sehr über die Hände nachzudenken führt meist zu Unbeholfenheit. Der beste Rat mag darin bestehen, die Hände zu vergessen.
Wenn sich das als unmöglich herausstellt, gewöhnen Sie sich am besten eine angemessene Ruhehaltung an: Legen Sie z.B. eine Hand auf das Pult oder an Ihren Oberschenkel. Denken Sie daran, daß eine Hand in der Hosentasche unhöflich wirkt. Verschränkte Arme machen einen defensiven Eindruck und verschlechtern die Beziehung zum Publikum. Am besten geben Sie Ihren Händen etwas zu tun:

- Halten Sie etwas: einen Stift oder Ihre Unterlagen.
- Beschäftigen Sie Ihre Hände und Arme, indem Sie gestikulieren.

Angemessene Gestik

Alles in Maßen, heißt es. Dies gilt auch für lebhafte Gesten: Zu viele lenken ab, zu wenige erzeugen ein Gefühl der Unsicherheit.

Entspannen Sie sich, versuchen Sie, sich wohl zu fühlen (Sie dürfen also nicht zuviel über Ihre Bewegungen nachdenken), um so spontane Gesten auf eine natürliche Weise zu ermöglichen – Gesten, wie sie auch bei einer normalen Konversation auftreten.

Bewußt übertreiben

Sie können ausgewählte Bewegungen bewußt übertreiben, um eine Aussage zu unterstreichen. Sie können beispielsweise

- auf etwas zeigen (auf ein Dia oder einen Teilnehmer)
- ein Größenverhältnis darstellen (z. B. wenn Sie sagen: „Die enormen Unterschiede …")
- Aufzählungen mit Ihren Fingern verdeutlichen (entsprechend dem, was Sie sagen: „Erstens …").

Für einen dramatischen Auftritt können Sie:

- Gegenstände (reale oder eingebildete) vom Tisch fegen
- mit der Faust auf den Tisch klopfen, um einen negativen Punkt zu betonen.

Erstrebenswert ist bei Ihren Handbewegungen ein ständiges Fließen zwischen einer bequemen Ausgangsposition, regelmäßigen, natürlichen Bewegungen, gelegentlichen beabsichtigten und spezifischen Gesten wieder zurück zur Ausgangsposition.

Mit Ihren Händen und Ihrer Gestik können Sie Ihre Aussagen unterstützen. Ihre Hände sollten in der Ausgangsposition auf dem Pult oder locker am Körper liegen. Setzen Sie regelmäßig Gesten auf bewußte Weise ein, um bestimmten Ausführungen besonderes Gewicht zu verleihen.

4.4 Ihre Stimme

Vorträge erfordern keine bestimmte Stimmlage. Tatsächlich wäre es schwierig, einen künstlichen Tonfall während der gesamten Präsentation aufrechtzuerhalten. Was aber erstrebenswert ist, könnte man als Übertreibung verschiedener Stimmelemente bezeichnen:

- Erheben Sie die Stimme, aber überanstrengen Sie sich nicht: Sie müssen für alle zu verstehen sein. Ihre Lautstärke ist dann richtig, wenn die am weitesten entfernte Person im Raum noch gut jedes einzelne Wort versteht.
- Setzen Sie Betonungen richtig. Dies betrifft sowohl:
  - Wörter: „Setzen Sie die *Betonung* richtig“ oder „Setzen Sie die Betonung *richtig*“
  - Sätze: Manche Satzteile sind wichtiger als andere; die Art und Weise, wie Sie sie betonen, sollte dies deutlich machen. (Sie können die Betonung mit Wegweisern verbinden: „Dies ist ein Schlüssel-

argument ...") Auch die Kraft Ihrer Stimme beeinflußt die Betonung. Ein besonders fester Tonfall unterstellt Wichtigkeit, einen ähnlichen Effekt hat das Senken der Stimme.

- Machen Sie regelmäßig Pausen: Nervosität verleitet Sie oft dazu, ohne Pausen zu reden; daher sollten Sie sich bewußt um Momente des Innehaltens bemühen. Denken Sie daran: Was Ihnen lang vorkommt, mag tatsächlich nur ein kurzer Moment sein.
  Pausen sind sinnvoll, um:
  - etwas Gesagtes wirken zu lassen
  - Aufmerksamkeit auf etwas zu lenken
  - ein dramatisches Element hinzuzufügen – die klassische dramatische Pause
  - Zäsuren zwischen unterschiedlichen Themengebieten zu schaffen.

  Nicht zuletzt geben Ihnen Pausen Zeit zu überlegen, um den weiteren Ablauf zu planen oder das Timing zu überprüfen. Sie können sich auf die Struktur Ihres Vortrags besinnen.
- Denken Sie auch beim Reden an die Zeichensetzung: Versuchen Sie nicht, an einer Stelle Atem zu holen, an der es keine eindeutige Pause gibt. Machen Sie ungefähr dort Pausen, wo im Satz ein Komma oder ein Punkt steht.
- Wählen Sie Ihre Worte sorgfältig, am besten schon in der Vorbereitungsphase. Wenn Sie schlecht vorbereitet sind und durch den Vortrag rasen, werden Formulierungen schnell zweckmäßig („... dies ist wichtig ...") statt präzise und sinnvoll („... dies kann ein negatives Ergebnis auf den Umsatz haben"). Hier werden Details wichtig. Nur ein Wort kann den

Unterschied ausmachen – oder den Unterschied bedeutend machen.

- Sprechen Sie deutlich: Um Eindruck zu machen, müssen Sie gut verstanden werden. Murmeln Sie nicht. Übertreiben Sie die Deutlichkeit einzelner Elemente, z.B. von Zahlen (am besten verknüpft mit einer Reduzierung Ihres Tempos).

Stimmiger Gesamteindruck

Denken Sie auch daran, daß Ihre Stimmlage bereits eine Aussage vermittelt. Ein schrilles Herausplatzen kann überhaupt nicht die Kraft haben, die Sie in den Satz legen wollten. Unterscheiden Sie in Ihrem Tonfall Tatsachen von Vermutungen: Ist den Zuhörern z.B. klar, daß ein Satz eine Frage ist, können sie in einem anderen Satz das Fragezeichen hören?

Es scheint eine Menge Dinge zu geben, die in diesem Zusammenhang zu berücksichtigen sind, aber nach einiger Übung werden sie Ihnen leichtfallen. Wenn Ihre Ziele klar sind, Sie eine Struktur haben, an die Sie sich halten, und wissen, welche Punkte Sie hervorheben wollen, werden Sie einen natürlichen Rhythmus einschlagen, der Tempo, Abwechslung und Betonung von alleine vorgibt.

Ihre Stimme transportiert Ihre Argumente und Aussagen. Sprechen Sie deutlich, aber natürlich. Setzen Sie Betonungen an wichtigen Stellen, legen Sie kurze Pausen ein, und variieren Sie etwas im Tonfall.
Generell gilt: Ihre Stimme soll nicht von dem, was Sie sagen, ablenken, sondern Ihre Aussagen unterstützen.

4.5 Dramatik und Humor

Es gibt zwei weitere Möglichkeiten, Ihrem Vortrag Überzeugungskraft, Tempo und Abwechslung zu verleihen: Setzen Sie Dramatik, etwas Humor oder beides ein. Grundsätzlich gilt aber: Verwenden Sie beide Stilmittel vorsichtig, übertreiben Sie sie nicht.

Dramatik
Dramatik erreichen Sie z.B. durch wirksam eingesetzte Pausen oder durch eine Übertreibung von Stimme und/oder Gestik. Im folgenden einige Beispiele dafür:

- Ein einzelner Satz wird mit einer besonderen Hervorhebung gesprochen und/oder wiederholt eine zu betonende Aussage (insbesondere am Satzende). „... dies also ist etwas, mit dem wir uns nicht abfinden sollten – NICHT EINEN EINZIGEN MOMENT LANG!“
- Der Sprecher verwendet eine wirklich übertriebene Geste: „... dies genügt, um jeden fertigzumachen!“ (Währenddessen bricht er in seinem Stuhl zusammen, bevor er langsam und beständig in gemessener Weise wieder aufsteht.)
- Der Redner tut etwas unverhohlen Theatralisches. Wenn Sie z.B. Kurse über das Verfassen von Geschäftsbriefen halten, können Sie mit großer Geste einen Brief zerreißen und ihn mit Befriedigung in den Papierkorb werfen. Damit verdeutlichen Sie, daß manche Briefe derart schlecht sind, daß man sie nicht lesen will. Anschließend erklären Sie, was zu guter Korrespondenz gehört.

Ihnen werden sicherlich weitere Beispiele einfallen, und sicher wollen Sie eigene Gesten und Schnörkel finden, die zu Ihrem Vortragsstil passen. Seien Sie jedoch auf der Hut vor überzogenen Gesten. Üben Sie Ihre dramatischen Elemente – wenn sie danebengehen, verderben sie den Gesamteffekt.

Humor

Auch bei geschäftlichen Präsentationen kann es sinnvoll sein, heitere Elemente einzubauen. Aber Vorsicht: Der Umgang mit ihnen erfordert Sorgfalt. Wenn Sie sagen: „Da fällt mir eine lustige Geschichte ein ...", wecken Sie bei den Zuhörern die Erwartung auf einen guten Lacher. Lösen Sie diese nicht ein, schaffen Sie eine Antiklimax und vielleicht sogar eine unangenehme Situation – um so mehr, wenn das Gesagte nicht nur nicht witzig ist, sondern vielleicht sogar unangebracht oder peinlich. Seien Sie vorsichtig mit Zungenbrechern, Formulierungen, die einer besonderen Akzentuierung bedürfen oder Zwischenrufe und Unterbrechungen hervorrufen.

Mit manchen Aussagen geht man auf Nummer Sicher. Ein Zitat – „wie Gore Vidal einst sagte: ‚Ich mag es, wie Sie es immer wieder schaffen, das Offensichtliche mit dem Geist des Entdeckers darzustellen'" – kann ein Lächeln (oder sogar ein Lachen) hervorbringen oder etwas auf den Punkt bringen. Auch wenn es nur das letztere schafft, schaden kann es nicht. Selbst die Verwendung einer mehr als sinnlosen Phrase – wie etwa „Fisch ohne Fahrrad" – mag weder Gelächter noch ein Lächeln hervorrufen (was auch nicht die Absicht sein muß), kann aber der Auflockerung dienen. Am besten üben Sie auch solche Formulierungen im Vorfeld. Wenn Sie es sich zutrauen, können Sie sie natürlich auch in einem passenden Augenblick spontan einwerfen.

Witze

Auch Witze haben ihren Platz in Präsentationen. Es wäre eine armselige Welt, wenn ein geschäftlicher Vortrag keinen Raum für Abschweifungen bieten würde. Meiner Erfahrung nach funktionieren Witze am besten, wenn sie eine konkrete Aussage machen – und sei sie noch sowenig naheliegend.
Derlei Humor sollte getestet werden, probieren Sie Ihre Witze bei einigen Leuten aus – möglichst nicht nur bei höflichen Bekannten –, um jedes Risiko eines Fehlschlags auszuschließen.

Selbst die perfekt strukturierte Präsentation begeistert die Zuhörer nicht, wenn sie falsch vorgetragen wird.

- *Achten Sie auf Ihre Füße und Hände: Stehen Sie fest, haben Ihre Hände eine sinnvolle Beschäftigung?*
- *Halten Sie Blickkontakt mit Ihrem Publikum, und achten Sie auf einen abwechslungsreichen Tonfall.*
- *Setzen Sie gekonnt und in Maßen die Stilmittel Dramatik und Humor ein, um Ihre Präsentation zu beleben.*

5. Visuelle Elemente

Auf das vielleicht wichtigste visuelle Hilfsmittel sind wir bereits eingegangen: Sie selbst. Gesten gehören genauso dazu wie Ihr gesamtes Verhalten und Auftreten.

Greifbarere visuelle Hilfsmittel sind ebenso wichtig. Sie erfüllen mehrere Funktionen:

- Sie helfen, die Aufmerksamkeit der Gruppe auf einen Punkt zu konzentrieren.
- Sie sind sinnvoll, um das Tempo zu ändern oder um Abwechslung zu bieten.
- Sie unterstützen eine verbale Erläuterung visuell.
- Sie geben eine Übersicht über den aktuellen Stand des Vortrags.
- Sie helfen auch dem Redner, indem sie ihm als Gedächtnisstützen der zu behandelnden Themen dienen und Stichpunkte vorgeben.

Sparsam einsetzen

Übertreiben Sie nicht. Visuelle Hilfsmittel sollen die Aussage unterstützen, nicht tragen oder übernehmen. Nur weil Dias oder Folien bereits bestehen oder leicht zu erstellen sind, heißt das nicht, daß sie auch angebracht sind. Ausgangspunkt muß immer Ihre Aussage sein, das, was Sie tun möchten. Anschließend können Sie überlegen, was dazu beitragen könnte, diese zu vermitteln oder zu verdeutlichen. Visuelle Hilfsmittel können etwas vermitteln, das schwer zu erklären ist – so wie eine Grafik eine Aussage illustrieren kann, die sonst in einer Masse von Zahlen untergehen würde. Visuelle Hilfsmittel dienen auch dazu, eine große Menge an Information schneller zu vermitteln.

Das geeignete visuelle Hilfsmittel

Die folgenden Seiten geben einen Überblick über die gebräuchlichsten Visualisierungshilfen. Ihre Vor- und Nachteile werden genannt, so daß Sie je nach Situation das für Sie geeignete Mittel auswählen können. Die heutzutage am häufigsten verwendeten visuellen Hilfsmittel sind:

- Flip-charts
- Overheadprojektoren
- Tisch-Flip-charts
- White-Boards (weiße Tafeln, auf denen man – ähnlich wie auf einer Schultafel – schreiben kann)
- Hand-outs (kopierte Unterlagen, die an die Zuhörer verteilt werden).

5.1 Flip-charts

Ein Flip-chart ist ein meist dreibeiniger Ständer für einen großen Papierblock im Format DIN A 1 oder DIN A 0. Auf einem Flip-chart lassen sich Darstellungen mit dem Filzstift spontan entwickeln oder vorbereitete Darstellungen durch Umschlagen der Blockseiten präsentieren. Flip-charts sind besonders als Visualisierungshilfe bei Gruppenarbeit sinnvoll.

Vorteile

- Man braucht keinen Stromanschluß.
- Die Darstellungen können vorbereitet werden.
- Ergänzungen können während der Präsentation angebracht werden.
- Ein Flip-chart ist für das Publikum gut zu sehen.

- Es ist in den meisten Vortragsräumen vorhanden.
- Sie können leicht darauf schreiben.
- Farbe kann verwendet werden.
- Sie können sich auf vorhergehende Seiten beziehen.

Nachteile

- Eine professionelle Vorbereitung ist teuer.
- Flip-charts sind sehr groß und lassen sich daher schlecht transportieren.
- Sie zu verdecken ist schwierig.
- Spontan niedergeschriebene Darstellungen können unübersichtlich und dilettantisch wirken, wenn man keine Übung darin hat.
- Sie sind nicht für ständige Benutzung geeignet.

5.2 Overheadprojektoren

Der Overheadprojektor (OHP) ist wohl das am häufigsten benutzte Visualisierungsmedium, das sowohl in der Schule als auch bei Präsentationen vor einem Fachpublikum gerne verwendet wird.

Vorteile

- Es wird ein großes Bild erzeugt.
- Das Verdecken der Informationen ist einfach.
- Vorbereitete Folien sind leicht zu transportieren.
- Folien können ohne großen Aufwand professionell erstellt werden.
- Dieses Medium ist weit verbreitet und wird von allen Zuhörern akzeptiert.
- Ein OHP kann im Sitzen verwendet werden.

- Er kann als Gedächtnisstütze dienen, indem an den Rand Notizen geschrieben werden.
- Mit einer Folienrolle kann ein OHP auch als Gruppenarbeitsfläche dienen.

Nachteile
- Es wird ein Stromanschluß benötigt.
- OHPs können Lärm machen.
- Die Projektionslinse kann die Sicht auf die projizierten Informationen verdecken.
- Ein OHP kann in den ungünstigsten Momenten plötzlich versagen.
- Die Menge an lesbarer Information ist beschränkt.
- Sie benötigen eine ausreichend große Leinwand oder eine leere Wand.
- Sie brauchen etwas Erfahrung und Disziplin, um mit ihm ordentlich umgehen zu können.
- Folienrollen sind ohne Übung nicht leicht zu beschriften.

5.3 Tisch-Flip-charts

Sie sind einfach eine kleinere Variante der Flip-charts und eignen sich besonders für Präsentation im kleinen Kreis (für maximal acht Personen). Auch hier können Sie Seiten vorbereiten oder während Ihres Vortrags spontan erstellen.

Vorteile
- Sie haben alle Vorteile von Flip-charts.
- Die professionelle Vorbereitung ist einfacher.

- Sie sind leicht zu transportieren und „aufzubauen".
- Präsentationen können auch im Sitzen durchgeführt werden.
- Sie wirken informeller als ihre „großen Brüder", aber dennoch professionell.

Nachteile
- Sie könnten manchen Zuhörern zu wenig repräsentativ sein.
- Sie sind schlecht zu verdecken.
- Man muß aufpassen, daß sie nur eine Hilfe bleiben und nicht vom eigentlichen Vortrag ablenken.
- Sie sind nur bei geringen Teilnehmerzahlen geeignet, sonst gehen sie unter.

5.4 White Boards

Eine Wand, auf der man schreiben kann, gehört zu den ältesten Präsentationsmedien. Früher gebrauchte man meist die – auch in der Schule verwendete – schwarze Wandtafel (Black Board), heute weiße Tafeln, die mit speziellen Filzstiften beschriftet werden.

Vorteile
- Sie sind in einer wachsenden Zahl von Vortragsräumen bereits fest installiert.
- Eine Gruppendiskussion wird erleichtert, da Stichpunkte spontan notiert werden können.
- Sie sind häufig mit einem Metallrücken ausgestattet, so daß vorbereitete Papiere mit Magneten befestigt werden können.

Nachteile
- Man benötigt spezielle Stifte.
- Es erfordert etwas Übung, um auf der Tafel professionell schreiben zu können.
- Der Platz für Notizen ist beschränkt.
- Bereits Geschriebenes kann nicht zur Seite gelegt, sondern muß weggewischt werden, damit neue Notizen gemacht werden können.
- Ist als Arbeitsfläche nur sinnvoll, um Schlüsselpunkte hervorzuheben.

5.5 Handouts

Handouts können vor der Präsentation auf den Tischen der Zuhörer verteilt werden oder dem Publikum während des Vortrags gegeben werden, um einzelne Punkte zu verdeutlichen oder Hintergrundwissen zu vermitteln.

Vorteile
- Sie können sehr professionell erstellt werden.
- Relevante Punkte können hervorgehoben werden.
- Sie können technisches Fachwissen verdeutlichen und über das Thema hinausgehende Informationen (z.B. Gutachten Dritter) enthalten.
- Sie können Hintergrundwissen vermitteln.

Nachteile
- Aufgrund ihrer professionellen Aufmachung und da die Zuhörer nicht am Entstehungsprozeß teilnehmen, können sie leicht steril wirken.

- Sie können vom eigentlichen Vortrag ablenken.
- Teile des Inhalts können unwichtig oder sogar kontraproduktiv sein.
- Es ist schwer zu steuern, daß die Leute zur richtigen Zeit die richtigen Informationen aufnehmen.

Es gibt verschiedene Visualisierungshilfen für Präsentationen. Am häufigsten werden Flip-charts, Overheadprojektoren, Tisch-Flip-charts, White Boards oder Handouts verwendet.

Zunehmend erobern andere visuelle Hilfsmittel die Konferenzräume, z.B. Videobänder oder Computer. Sie lassen sich hervorragend einsetzen, haben aber vielleicht einen Nachteil: Je technisch professioneller sie sind, desto mehr vergrößern sie die Distanz zwischen Vortragendem und seinem Publikum. Wenn der Redner nicht mehr selbst etwas notiert, sondern nur einen Knopf drückt, tritt er in den Hintergrund.

5.6 Grundprinzipien bei der Verwendung von Visualisierungshilfen

- Halten Sie den Inhalt einfach.
- Beschränken Sie den Informationsgehalt und die Anzahl an Wörtern:
  - Verwenden Sie für Überschriften oder kurze Statements möglichst wenige, prägnante Worte.
  - Vermeiden Sie ein kompliziertes Layout.
  - Verwenden Sie ein durchgängiges Logo, das sich auf allen Folien wiederholt.

- Verwenden Sie Diagramme und Grafiken so häufig wie möglich, sie sind leichter zu erfassen als viele Zahlen. Lesen Sie niemals Zahlen ohne gleichzeitige visuelle Darstellung vor.
- Schaffen Sie Abwechslung innerhalb des übergreifenden Themas, indem Sie z. B. unterschiedliche Farben verwenden.
- Betonen Sie Thema und Struktur: Verwenden Sie z. B. regelmäßig dasselbe Hilfsmittel, um ein bestimmtes Ziel zu rekapitulieren.
- Stellen Sie sicher, daß das, was visuell dargestellt wird, auch wirklich Ihren Aussagen entspricht.
- Vergewissern Sie sich, daß nur Relevantes dargestellt wird – keine belanglosen Einzelheiten oder unwichtige Nebenaspekte.
- Stellen Sie sicher, daß Ihre visuellen Hilfsmittel gut sichtbar sind. Haben Sie geeignete Farben und die richtige Schriftgröße verwendet?
- Entscheiden Sie für jede Situation individuell, welches visuelle Hilfsmittel Sie einsetzen (Vor- und Nachteile der einzelnen Medien vgl. Seite 70 f).

Für die Verwendung von Visualisierungshilfen gilt: Stellen Sie die Informationen einfach, übersichtlich und in logischer Anordnung dar. Berücksichtigen Sie die speziellen Anforderungen des jeweiligen Mediums (z. B. in bezug auf die Schriftgröße).

Die Zuhörer anschauen

Welches Hilfsmittel Sie auch immer benutzen – sprechen Sie zur Gruppe und nicht zum Projektor. Ein verbreiteter Fehler bei der Verwendung visueller Hilfsmittel ist, darüber den Blickkontakt zu den Zuhörern zu vernachlässigen. Informieren Sie das Publikum, ob Sie Kopien der Folien oder Dias verteilen werden. Achten Sie darauf, die visuellen Hilfsmittel wieder abzuschalten oder wegzuräumen, sobald sie ihre Pflicht getan haben; sie lenken sonst von Ihren Ausführungen ab.

Zu guter Letzt: Prüfen Sie doppelt!
Es ist sprichwörtlich, daß alles, was schiefgehen kann, auch schiefgehen wird – das gilt ganz besonders für die Technik. Die Moral der Geschichte ist: überprüfen, überprüfen und nochmals überprüfen. Alles kann und muß überprüft werden – von der Ersatzbirne für den OHP bis zur Ausrichtung von Dias (die gerne seitenverkehrt oder auf dem Kopf stehend gezeigt werden), selbst, ob die Stifte für den Flip-chart noch schreiben. Denken Sie daran, daß die Störanfälligkeit größer wird, je aufwendiger die Geräte sind.

Eine Präsentation wirkt lebendiger und überzeugender, wenn Sie Visualisierungshilfen (z. B. Flip-charts, Overheadprojektoren oder White Boards) einsetzen.

- *Wählen Sie für jede Situation das am besten geeignete Medium.*
- *Berücksichtigen Sie die Vor- und Nachteile einer Visualisierungshilfe, und entscheiden Sie sich dann, welche Sie einsetzen.*
- *Üben Sie den Umgang mit dem Medium – nur wenn Sie professionell mit ihm umgehen können, ist die Visualisierung eine Bereicherung Ihrer Präsentation.*

Register

Zu diesem Themenkreis sind bereits erschienen:

Neill Barrett:

30 Minuten für den Einstieg ins Internet

ISBN 3-930799-85-5

John Westwood:

30 Minuten für den erfolgssicheren Marketingplan

ISBN 3-930799-84-7

Jane Smith:

30 Minuten für die richtige Entscheidung

ISBN 3-930799-82-0

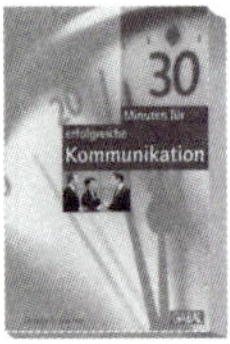

Elizabeth Tierney:

30 Minuten für erfolgreiche Kommunikation

ISBN 3-930799-83-9

Alan Barker:

30 Minuten bis zur effektiven Besprechung

ISBN 3-930799-80-4

Fragen Sie in Ihrer Buchhandlung nach weiteren Bänden dieser Reihe, oder fordern Sie einen Verlagsprospekt an:

GABAL VERLAG
Schumannstr. 155, 63069 Offenbach
Tel.: 069/83 00 66-0; Fax: 069/83 00 66-66
E-Mail: info@gabal-verlag.de
www.gabal-verlag.de